All Voices from the Island

島嶼湧現的聲音

末代女礦工

戴伯芬——著

海山煤礦，
與一位社會學者
對礦工阿嬤的生命考掘

目次

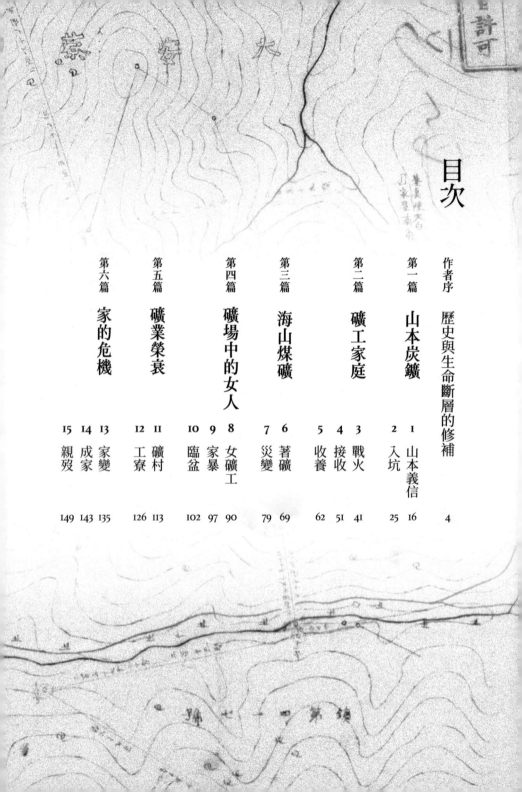

作者序

歷史與生命斷層的修補

大學時代在臺大建築城鄉所工讀，打開了我進入臺灣底層社會的視窗，從屏東農民調查開始，走過滿是菁仔的內埔，到良田千頃的萬丹，種稻的高齡農民日出而作、日落而息，收入竟不及種植檳榔，第一次感受社會制度的不公平。隨後，跟著不同規畫案與研究計畫，探索臺灣這片土地的子民。在蘭嶼反國家公園、海砂屋、核廢貯存場的運動中，瞭解銀帽、藤甲、禮刀、聲嘶力竭的吶喊，終究驅不走盤踞蘭嶼島上的Anito（惡靈），而達悟（Tao）斷落的世代連結，[1]隨黑潮洄游的飛魚，永遠回不了巴士海峽彼岸的巴丹島。

或許受潛伏的童年經驗影響，我之後的研究一直聚焦在臺灣的底層社會。巡迴於臺北縣的流動攤販們，從過去的趕集，轉換成定著夜市，在都市化浪潮的推進下，邊緣終成中心。中山北路的菲律賓移工依然在週日上聖多福教堂做禮拜，在密布的楓香樹下追尋Lechon（烤乳豬）的味道。滯留於艋舺公園的無家者，流轉在教會、廟宇、工地、市集，流連夢寐以求的溫柔鄉尋找片刻慰藉。

從農民、原住民、流動攤販、菲籍移工到無家者，三十多年的田野與社會調查經驗，人生的前半段活得精采，但到了下半場，覺得自己有氣無力，渾渾噩噩，不復年少輕狂的衝勁。上課談的社會運動或者是社會流動，不過是教科書上專有名詞解釋而已，社會改革並沒有想像容易，面對惡化的高教勞動環境、新世代學習模式的轉變，萌生退意。

關於自己的出生背景，我所知甚少，只知道祖父、外祖父皆早逝，兩個單親家庭分別靠祖母、外祖母獨立撫養，都是由單親女性撐起養活一家人的重擔。小時候隨媽媽回娘家，知道阿嬤住在媽祖田海山工寮，媽、阿嬤、大舅、大舅媽以及二舅媽都曾在海山工作。一九八四年三大礦災發生後，阿嬤退休，但在海山收坑之後依然在事務所打掃、煮飯、做雜工，大舅幸運逃過兩次礦災的狙擊，卻因中年失業而整日在家喝酒。

父母結婚之後移民城市，我在臺北市出生、成長，不但和滯留礦場的親人疏離，距祖父母過去的生命經驗更遠，原來階級翻身是一種斷絕，和自己生長的土地離得愈遠，靠都市菁英之路愈近，和底層貧困的家人愈疏離，愈有機會躋身上流。

這本書回顧阿嬤張曾桂將近一世紀的人生，說出她遺忘許久的陳年往事，也道出昭和年代以來臺灣沉默女性礦工經歷的巨大苦難與卑微幸福。在寫作過程中不斷尋找阿嬤、媽媽隨歲月日漸消失的記憶，黑色礦災之後許多傷痛早已雲淡風輕，深掘阿嬤經歷的生命傷痕，意外地看到母親年少成長的喜悅與煩惱，促成她和親生父母關係的和解，也重新檢視貧窮家庭的印記，如何形成今日的我。這本書也記錄海山煤礦的前世今生，探討日治以來臺灣礦工的勞動與生活，記錄礦業的起落與三大礦災的經過，並追蹤災後礦工的轉業與遷移，思考礦村再發展的可能性。社會學開啟的視窗，讓我得以從底層礦工的視角，觀看國家行使權力機制、集團企業運作模式，揭露礦災中的禿鷹族群以及噬血財團的面目，在災難中看到泯滅人性的醜陋貪婪，也看到阿嬤絕地求生的韌性。

臺灣空間規劃界長期實用主義當道，強調活化再利用，缺乏地景修復的概念。海山礦場保存議題挑戰了過去臺灣聚落文化資產保存思維，保存的是誰的記憶、誰的文化？或不過是無病呻吟的都市文青鄉愁與乏善可陳的消費異文化刺激？重回海山礦場，心疼被礦業開挖、農業墾殖、工廠汙染的山林，同時也驚嘆大自然自我復原的能力，坑道崩塌，坑口積起一池春水，景觀橋爬藤盤踞，綠意盎然。開發者離去之後，大自然的傷口正在慢慢癒合，只要人類退出她的領地，大地終能休養生息。

此書的完成特別要感謝Matters「在場・非虛構寫作獎學金」的肯定以及所有工作人員的協助，友人高俊宏、朱健炫的礦業經驗分享，以及接受我訪問的海山礦工及礦工家屬。特別要感謝的是「放羊的狼」——張偉郎先生，他自二〇〇六年起馬不停蹄地探訪臺灣各地的礦坑，已經累積了五五四篇部落格文章(https://ivynimay.blogspot.com/)，為臺灣礦業留下珍貴的紀錄，成為當代臺灣礦業的活字典。春山出版社瑞琳總編的建議、舒晴的悉心編輯校對與排版，讓文稿更加通順易讀。當然，最需要感謝的是我的阿嬤，讓我認識到自己有一個天下最偉大的阿嬤，也謝謝媽媽、爸爸、舅舅、舅媽以及阿姨等家人，這是所有家人支持灌溉下在殘礦廢墟中開出的花朵。最後，如果沒有外子的支持與陪伴，我一個人可能沒有勇氣探索這段暗黑歷史，阿嬤的故事可能就隨記憶凋零而永遠深埋於坑底。

阿嬤的故事不只是她個人的生命經驗，也是臺灣千萬個礦場女性悲歡離合的縮影。透過阿嬤的生命回憶，我在白色圍牆後荒廢塵封的建安坑冂找回自身的認同，也在異化的學術論文生產中找到新的實踐目標。本書應該不是一部個人生命敘事的結束，而是一段新社會行動的開始。

1　戴伯芬，〈離家二〇〇年，蘭嶼重回巴丹島尋根〉，《TVBS周刊》第二十二期（一九九八年四月），頁一〇二至一〇六。一九九八年，作者研究生時期，曾參與蘭恩基金會舉辦的蘭嶼達悟（Tao）原住民菲律賓巴丹島尋根之旅，發現兩邊的原住民語言相通，過去有十人舟來往兩地，蘭嶼野銀村老人夏本荀旦還找到他在巴丹島的親人。

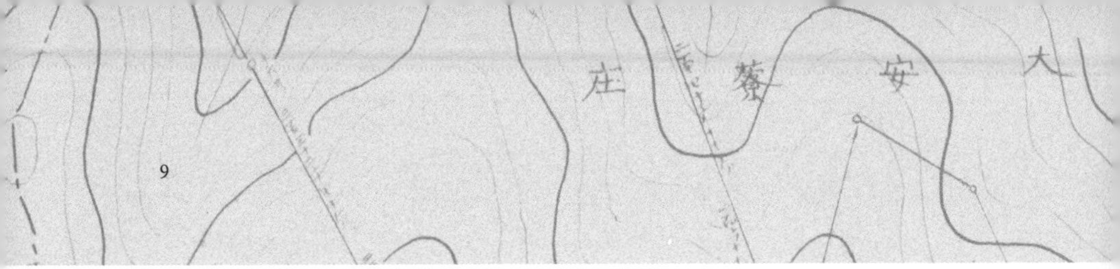

和礦村的「外婆」[1]為什麼會這麼疏遠？在一個女人入坑工作的年代，阿公早逝，母親在礦村中的單親家庭中成長。媽媽結婚之後就離開礦場，隨爸爸移民臺北市，我在萬華出生、成長，沒坐過臺車、沒摸過煤屑，也沒看過外公，因此唯一的礦村記憶就來自媽祖田[2]外婆家。

小時候，媽媽回娘家的紀錄屈指可數。逢年過節返鄉，探完三峽的祖母後，往往跳過外婆家直接回臺北。有機會回媽祖田，阿嬤視我們如稀客，把家中糖果、餅乾、飲料、水果，所有好吃、好喝的都拿出來招待。父親卻總是板著臉，說要趕回去開店，不斷催促我們離開，彷彿多留片刻，將有大禍臨頭，有時連飲料都還沒喝完就被叫上車。為了和我們多處一會兒，阿嬤總會送我們上車，依依不捨地向我們揮手告別。

記憶中阿嬤以前住在新北市土城媽祖田的海山礦工宿舍。媽祖田舊名大墺山，是位於土城、三峽之間的小農村。一七七八年（乾隆四十三年）福建安溪人李維芝、李武侯昆仲率移民至此拓墾，將其開發的九芎林山埔，獻給當時奉祀媽祖的墾首新莊慈祐宮（天后宮）當祀業，以規避清廷田賦，自此這裡

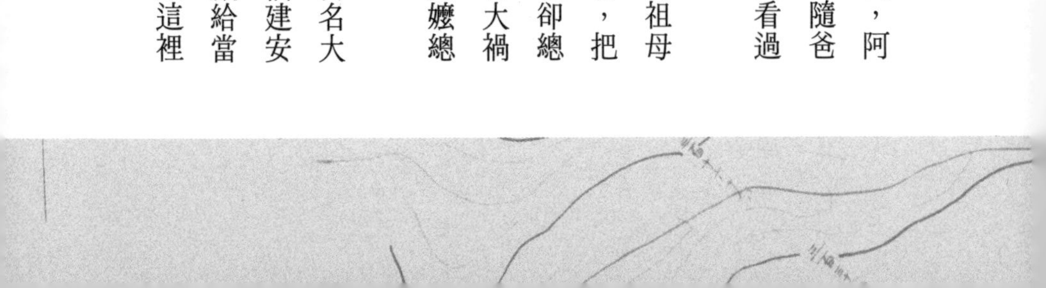

即稱為「媽祖田」。[3]

小時候總覺得回阿嬤家的路好遠好遠，那時從臺北到三峽只能仰賴省道，車子過了板橋車站，就是一大片農田，有時看到一畝畝新綠幼秧的水田，有時是一整片金黃稻浪隨風翻滾。一開始是父親用摩托車載我們一家四口回去，在炙熱酷暑中，總是睡了又醒，問一聲到了沒，聽到還沒，醒了又睡。爸爸常會在土城市街上略作停留，買枝仔冰給我們消暑，再繼續漫長的歸途。

車子穿過頂埔街庄，過頂埔國小後已經是村落邊緣。經過戒備森嚴的土城看守所，這裡是集北臺灣作姦犯科、窮凶極惡者的所在，聽說過去在地居民不時聽到暗夜槍聲，不論如何駭人聽聞、聳動社會的案件，最後總會隨穿透犯人身驅的子彈，消失在槍管餘煙中。過了土城看守所左轉，進入曲折窄小的龍泉路，看到第八公墓前的有應公，就到了媽祖坑礦場。

媽祖田庄在一九五〇年代已經是一座現代化礦村，隨著礦場的建立，早就看不到稻田，油桐換成具有熱帶殖民風情的椰子，不知何時又改種滿山密密麻麻的檳榔。礦坑口有兩棵大榕樹，阿嬤家座落於三間宿舍中，是陰暗潮

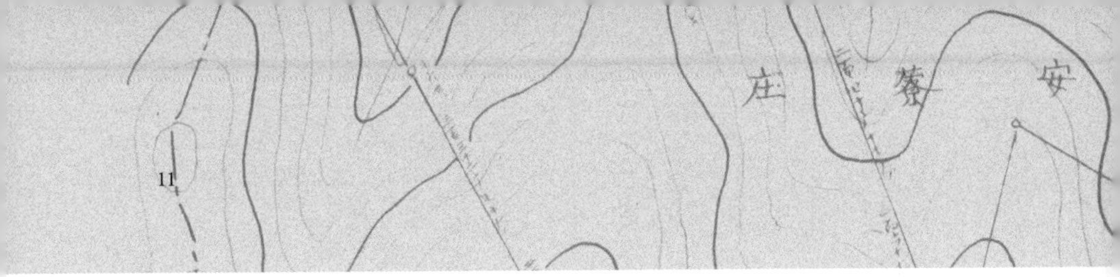

溼的紅磚房，酒氣混著煤屑土灰、夾雜洗不淨的褐衣汗臭；雞犬相聞，嬰兒啼哭、夫妻吵架、孩童喧鬧，像不定時的廣播，提醒礦工住戶誰出去了，誰又回家了。

一九八九年，海山礦場關閉之後，阿嬤一家搬到村落外中央路的四樓公寓，回去探望阿嬤的時間更少了。那時正逢臺灣經濟榮景，爸媽的成衣批發生意興隆，每天早上九點開店，因為生產供貨不及市場銷售的速度，半夜還得去松山五分埔補貨，說是補但其實是搶，所有的中盤商帶著鈔票排隊等出貨，常常忙到天亮。我也開始進入升學期，回家探親的時間更少，開始不認得阿嬤的家了，因為所有的公寓都是暗紅磁磚、紅色鐵門，都長成一個樣子，認得的只剩下公車站名稱——媽祖田。

我的阿嬤今年九十七歲，她的身體一直不好，年輕時就有嚴重氣喘病，X光片照出來的肺是一片白霧，積累了她在礦場工作一輩子殘留的煤灰。母親經常表現她對阿嬤的依戀與感懷，把阿嬤養育之恩掛在嘴邊，趁老爸不在時，偷偷回去省親。她回家時總會緊緊抱住阿嬤，像極了久別的戀人，我一

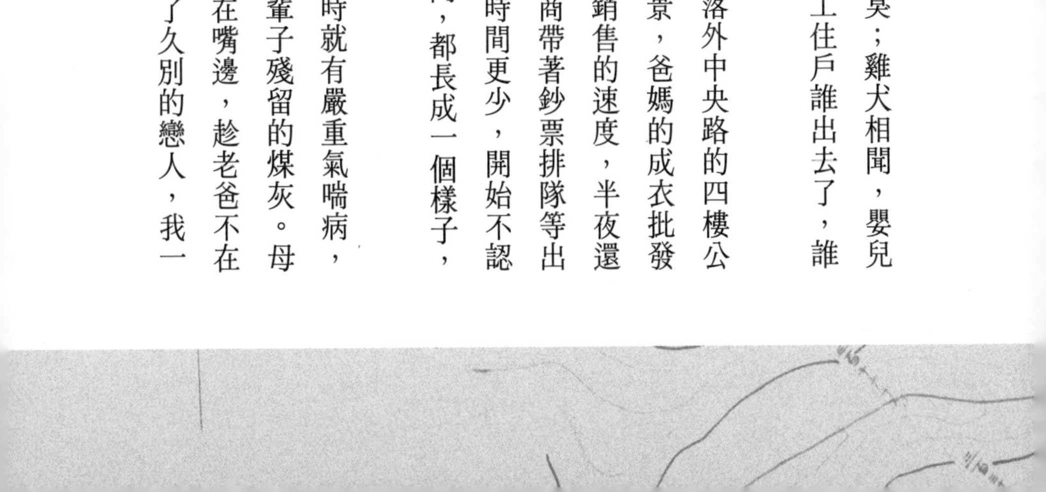

直覺得母親太過感性，不瞭解她和阿嬤之間的感情為何如此深厚。

每次回阿嬤家時都匆匆忙忙，從沒聽過她提起以前礦場的工作經驗，偶爾從媽媽口中聽到小時候在礦村的生活點滴，知道阿嬤、大舅、大舅媽都曾在海山煤礦工作。臺灣礦業在一九八四年三大礦災發生之後，沒有幾年就陸續收坑，隨著礦工凋零，那些不足以向子孫道、為外人知的過往經驗就要隨風消散。我想透過阿嬤的記憶，重新回到日本昭和時代，那是一個以命換炭的黑金年代，也是一個戰亂的年代……。

第一篇

山本炭鑛

一九二七年（昭和二年），我的阿嬤曾桂出生於媽祖田庄石門內尖，先祖在順治年間來此墾殖，是媽祖田早期入墾的六大姓之一。清代臺灣流行「揀做堆」（sak-tsò-tui，與童養媳配對結婚），曾祖父曾心匏娶了家中的童養媳林查某，這是一段沒有愛情的婚姻，只是順應傳宗接代的要求。在曾祖母生了兩個小孩之後，曾祖父就和情人雙宿雙飛，留下曾祖母、舅公與阿嬤自謀生路。阿嬤從小沒有上過一天學，童年時代不是撿柴火，就是幫忙採茶，沒做就沒得吃。自十六歲開始，從陽光普照的茶園轉入暗無天日的礦坑內工作。

我一直以為進入礦坑的只有男性，女性負責坑外工作，阿嬤說她在日本時代就進坑內工作了。日本人喜歡稱女性工人為「婦」，以前流行過日劇「家政婦」，在礦場工作的女性則稱為「炭礦婦」或「女坑夫」，代表女性下坑工作是常態。阿嬤不知道日本時代礦場的老闆是誰，甚至說不出礦場名稱，只知道是日本人開的，依稀記得有位日本監督，叫山崎或鈴木之類的名字，這已經是八十年前的事了，難怪她不記得。過去日籍管理者很少到礦場，阿嬤說只有收稻穀時才會看到日本人，或許也跟她的工作性質有關，坑內是看不到

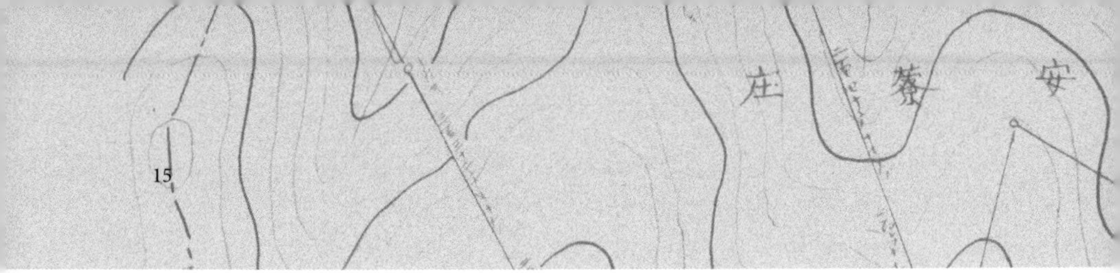

外面陰晴雨霧的，更不用說久久才來巡察一次的殖民統治者。不過，阿嬤總是說日本人很厲害，不知道他們如何發現地底下有土炭？

I 山本義信

阿嬤在日治時期工作的礦場是「山本炭鑛」，由一位渡海來臺的日本人山本義信（一八八一——一九六八）開創。我在新北市中和區自強公園找到他的事蹟，照片中的山本看起來很有福相，像尊彌勒佛。他不僅是山本炭鑛的開拓者，也是日治時期臺灣的煤礦實業家，一九二九到一九四二年還當過板橋街長（相當於今日板橋區長）。由於政蹟斐然，自強公園內立有他的紀念碑。戰後，在國民黨政府反日、仇日政策下，碑上文字已被抹除，多虧當時任職自來水公司的員工劉清武抄錄，才留下碑文內容，後來重新立牌，登載原文如下：[4]

街莊長為街庄之筦鑰亦一方柱礎也板橋山本街長者其自負之義務一貫當局則信任六年凡市區改良教育獎勵水道已享受衛生的飲和公會堂亦有具體的基礎街民之負擔較

輕在公省養廉約萬街民之昇格實稱部落尤實惠無窮今者鴞薦頻聞驪歌疊唱我街民等結一團之熱忱具數事之饋贈用當紀念非敢頌勞

昭和八年一月

山本氏紀念碑發起人　神谷龜吉　林平洲　林祖壽　林朝慶　黃江柳　鄭賜發

碑文內容是褒揚他改良教育、獎勵水道的市政建設，原來臺灣第一座現代化的自來水系統是由他建立起來的，看來山本義信不僅是白手起家的礦業主，也是一位具政績的板橋街長，任內建立無線電信傳訊所、板橋水道、大典紀念運動場、昭和橋（今光復橋）。

一八八一年（明治十四年），山本義信出生於日本千葉縣長生郡五鄉村綱島的貧窮農家，在家中八個子女中排名老二，父親為山本彌三郎。當時年滿二十歲的日本男性需要服役三年，有不少人為了躲避徵兵令而離家出走。山本自高等科畢業後，和幼時玩伴宮崎福松、金坂平一郎一起到東京找工作，但是並未成功。據說山本有親人在橫濱從事貿易工作，曾渡海來臺，因而促成他移民南方殖民地，尋找發展機會。[5]

在日本南方彼岸的新興殖民地臺灣，礦業開採方興未艾。一八九五年（明治二十八年）六月，農學士橫山壯次郎應臺灣總督府民政局殖產部之聘，來臺調查地質，發現臺灣是太平洋上有開發潛力的金銀島。基於殖產目的，翌年，臺灣總督府設鑛物課，系統性展開全臺地質調查，繪製吸引日人來臺淘金的藏寶圖。[6]

一八九六年（明治二十九年），臺灣總督府頒布《臺灣礦業規則》，廢除專屬採礦權限制，鼓勵民間積極探勘、開採，不設礦區坪數，礦業人只需繳礦區稅而不需支付日本內地的礦業稅。礦業人有開發必要時，得強行要求土地所有人或關係人出租土地，嚴重損害臺灣人土地所有權。當同一地點有二人以上提出礦業申請，由臺灣總督認定適當者許可之，即使是毫無經驗的日人亦可輕易申請、取得礦權，[7]當年四十一件申請礦區開採計畫中只通過一件臺灣島民案，其他都是由日本人取得。[8]

一八九七年（明治三十年），臺灣總督府民政局殖產課發現臺灣主要的煤炭礦源集中於基隆，四腳亭與金包里為最優良煤田，設定為海軍預備煤田，禁止民間開採。[9]一八九九年（明治三十二年），總督府出版《北部炭層調查結果》，認定臺灣煤質優於預期，除基隆地區之外，土城的本層煤礦煤層達〇・九公尺，屬於一等煤，是北部另一個極具開發潛力的礦場。待臺灣政治情勢穩定後，日本殖民政府將這份調查報告分發給日本企業家，吸引三井物產、藤田組、木村組、賀田組等實業來臺，投入黑金開採。總督府優惠日人取得礦業權原則，使得一八九七年之前取得礦區的日人較臺人多出三倍以上，日本企業逐漸掌握臺灣的採礦權。不過，礦區多位於偏遠、交通不便之處，人工管理困難，日本領臺未久，臺民抗日行動仍盛，很少有日本人願意冒險進入臺灣山區採礦，已取得臺灣礦權的日本企業如無法開採者，得以將權利租賃臺灣省民，稱為「抽紅」（日文：斤先掘），但規定不得超過生產額的二%。[10]

一九〇〇年（明治三十三年）五月，山本搭船初抵臺灣，因為語言不通，曾在基隆露宿一週，碰到經營船具行的王玉水，以包吃包住的方式讓他在店內工作、學習商務。一九〇五年（明治三十八年），他在家人的資助下，獨立開設船具分行，日俄戰爭之後需求大增，生意蒸蒸日上，還清了前債，也奠定經濟基礎。一九〇七年（明治四十年）與故鄉青梅竹馬深山てつ結婚，接她來臺落地生根。[11]

山本注意到日人在臺灣煤礦發展的優勢，一九一二年（明治四十五年），與弟弟山本精一共同提出開礦申請，轉入採礦業，初獲石碇堡暖暖地區一一二六礦區許可。第一次世界大戰（一九一四至一九一八年）之後，歐洲主要產煤國家都投入戰事，國際煤炭市場

中新世三個主要含煤層之岩相圖

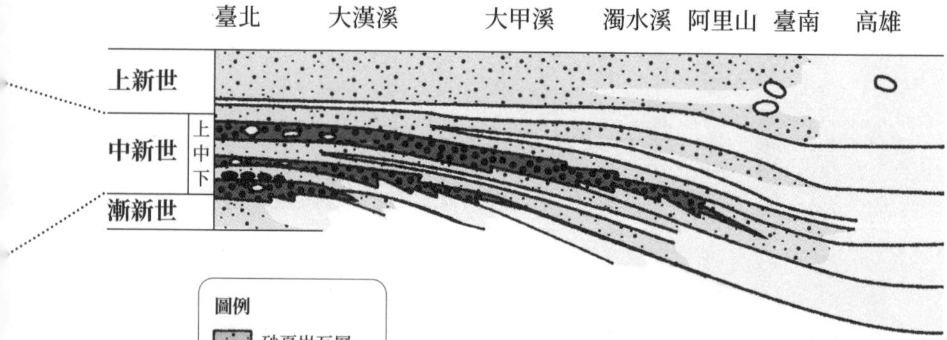

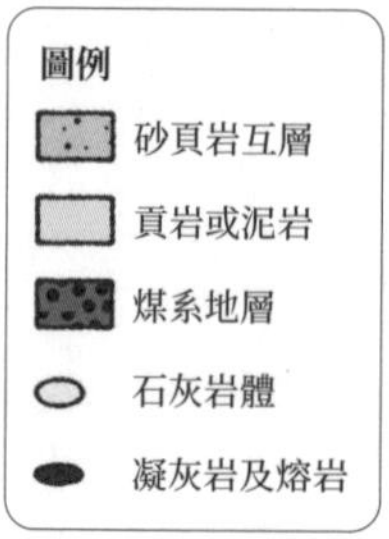

圖片重繪參考魏稽生、嚴治民編著，《臺灣的礦業》（臺北縣：遠足文化，二〇〇八），頁一〇九。
資料來源：
- 臺灣鑛業史編纂委員會，《臺灣鑛業史》上冊，頁七九。
- 中華民國礦業協進會編，《臺灣地區煤礦開發經營之綜合研究報告》（經濟部煤業合理化基金保管運用委員會，一九九四），頁四至五。

煤炭依照熱值高低，由最初級的「泥炭」，漸次為「褐炭」、「半煙煤」、「煙煤」以及「無煙煤」。煤級等級愈高，所含的碳分愈高、熱值也愈高。

木山層是臺灣焦煤的主要來源，或混合其他的煤來製造煤氣，但因揮發成分低，無法快速燃燒；品質佳、俗稱「柴炭」者，通常挖取自石底層，大多提供給船隻、火車頭及蒸汽爐使用；高品質的「焦煤」產自嘉樂及南莊兩煤田，通常用於製造、治煉業，過去南莊層所產出的煤礦，大多提供給小型工業使用。

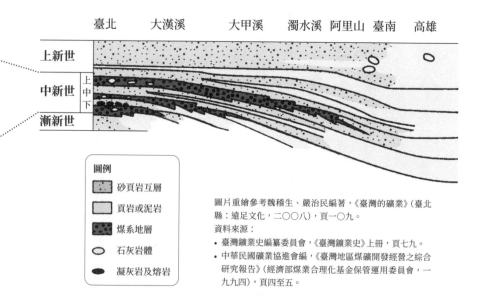

21 山本義信

臺灣含煤地層與煤礦類型

臺灣含煤地層屬於新近紀，主要分布在北部山區，總厚度在四千公尺以上。具經濟價值者位於中新世紀地層，由下而上為「木山層」、「石底層」、「南莊層」，幾乎都是在濱海造煤盆地中形成。

木山層分布範圍最小，可採煤層有三層，最佳地區為汐止煤田。石底層所含可採煤層有八層，含量最佳地區為基隆煤區，包含汐止、田寮港、四腳亭、武丹坑及菁桐等煤田，有一深色炭質堅密頁岩夾層；臺北煤區包含南港、景美、石碇、清水坑、山子腳及三峽－大溪煤田。南莊層為最廣泛的成煤區分布，分為上部白砂岩段及下部砂岩頁岩互層，白砂岩段中含有四層可採的煤層，在竹南及新竹兩煤區發育最佳。

臺灣北部中新世地層柱狀圖

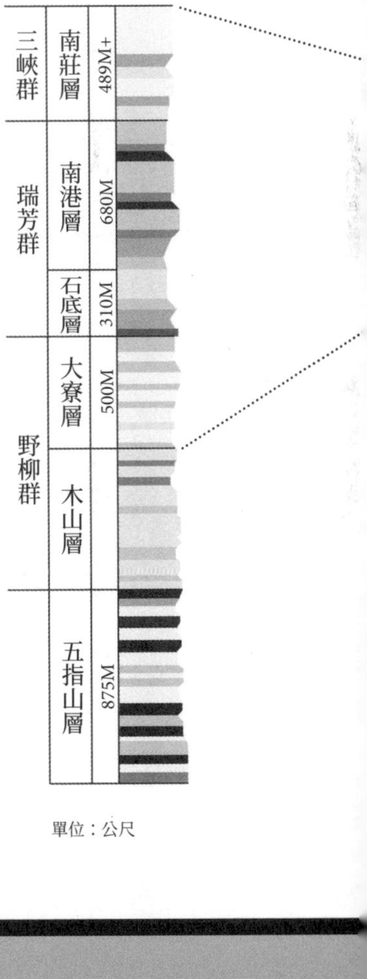

供不應求，煤價隨之飛漲，臺灣煤業進入第一次黃金時期。山本掌握時機，決定全心投入開礦事業。由於基隆地區煤礦開發較早，可開發的礦區有限，在王玉水的引介下，一九一三年（大正二年），山本先從黃火淋的手中獲得大安寮庄、媽祖田庄地內一〇九九號礦區（面積二二萬五五五四坪），憑著殖民者的優勢與獨到眼光，不斷擴大礦場規模。[12]一九一六年（大正五年），山本再獲得王竹根移轉的二九八號礦區，一九一七年（大正六年）從王玉水、王深溝接手一一一礦區之後，成立「山本鑛業合資會社」，讓他的事業從基隆移轉到大漢溪的擺接堡區。一九一八年（大正七年），山本承接菅野新作的礦場，更名為「山本炭鑛」，[13]成為全臺第四家煤礦公司。一九二〇年（大正九年），山本獨資承攬所有合資的礦坑，整併成大安寮炭礦，改名為「山本鑛業」，礦場總面積達八九萬二三〇坪，產額躍居首位，甚至超過臺灣焦炭株式會社，成為雄霸一方的礦業主。[14]

依據昭和年間（一九二七至一九三二年）的統計調查資料，山本炭鑛固定的雇工人數在一九二七年（昭和二年）最多，曾達五百六十八人，其他年分大約二、三百人。如今山本炭鑛遺址早被剷平，只留下魚鱗板的一般日式房舍照片，看不出曾是雄霸一隅的礦業霸主痕跡。

1 自二〇二二年起，教育部辭典將外公、外婆也都稱為「祖父」、「祖母」，不過，外婆稱呼的更改仍有爭議，本文一律採用臺語的「阿嬤」表示外婆，父系的阿嬤則用正式的祖母稱呼。

2 媽祖田，今新北市土城區祖田村，位於大漢溪分流東岸，包含舊內媽祖田與外媽祖田。見洪敏麟編著，《臺灣舊地名之沿革第一冊》(臺中市：臺灣省文獻委員會，一九八〇)，頁三〇一。

3 一九〇四年(明治三十八年)日本殖民政府總督兒玉源太郎廢除大租戶，確認小租戶為土地業主，但媽祖田農民並未出面登記，從此媽祖田的農民失去土地權屬。參見熊品華，〈土城媽祖田的發展史記〉，出自熊品華等編《土城媽祖田——情與義》(土城區媽祖田慈安宮，新北市土城區媽祖田社區發展協會，二〇一九)，頁六八至七七。

4 黃政鴻，〈山本氏紀念碑的起源〉，來源為新北市中和區自強公園解說牌。

5 布施優子，〈日治時期山本炭鑛之研究〉(淡江大學歷史學系碩士論文，二〇〇三)，頁一八至一九。

6 日治時期已出版十九幅五萬分之一的地質圖、六幅十萬分之一的地質圖，參見臺灣鑛業史編纂委員會，《臺灣鑛業史》上冊(臺灣省鑛業研究會，一九六六)，頁四四。

7 徐國章，〈臺灣最初的整體礦業法規——明治二十九年律令第六號「臺灣礦業規則」〉，國史館臺灣文獻館，https://www.th.gov.tw/epaper/site/page/98/1340。

8 臺灣鑛業史編纂委員會，《臺灣鑛業史》上冊，頁五八〇。

9 黃智偉，《臺陽公司志》(臺北縣：臺北縣文化局，二〇〇四)。

10 臺灣鑛業史編纂委員會，《臺灣鑛業史》上冊，頁二五五。

11 布施優子，〈日治時期山本炭鑛之研究〉，頁二二。

12 一九一四年(大正三年)山本自劉宗賜與劉隆經取得土城頂埔庄二三一號礦區(面積二萬三三九七坪)；一九一六年(大正五年)，再從王竹根的手中取得位於土城大安寮、媽祖田的二九八號礦區(面積六萬二〇二八坪)；一九一七年(大正六年)併王玉水土城大安寮的一一一號礦區(面積九萬四三七九坪)、何清風媽祖田的四一七號礦區(三萬三八五九坪），隨後又取得媽祖田及三峽成福庄一六九四號礦區（十九萬五千餘坪）。參見周耀裕，〈煤礦產業與地方社會——以臺北土城地區為例（1897-1989）〉（中央大學歷史所碩士論文，二〇〇七），頁七九至八〇。

13 唐羽，《臺灣鑛業會志》卷十傳二十（臺灣鑛業會志修志委員會，一九九一），頁七七九。

14 李修瑋，《土城煤業興衰史》（臺北縣：臺北縣土城市公所，一九九七），頁五五、五七。

2 入坑

阿嬤原本以採茶幫忙維持家中生計，為了賺取較高的工資，十四、五歲時開始在礦場坑外推流籠(liû-lông)。[1]流籠是透過架空的索道，以鋼索作為行車軌道輸送貨物和人員的運輸機械，由主鋼索承載，動力鋼索拖曳，周而復始地運轉。她的工作是將臺車推到吊掛的裝載平臺，過隧道之後再放下本坑，她依稀記得當時的工作場景：「捒(sak)流籠車，去山尖啊！一个按呢落來，一个按呢這起去，直通大安寮本礦……捒入去，土礦放落來，閣捒出來……有一點仔落崎(lo̍h-kiā)，有幾若个人咧捒，勾一串，再搝(khiú)起去，閣(用天車)絞起去……捒平的捒彼段，愛過一个磅空(pōng-khang)。」(推流籠車，去山尖啊！一個這樣下來，一個這樣上去，直通大安寮本礦……推進去，煤炭放下來，再推出來……有一點下坡，有好幾個人在推，勾一串，再拉上去，再(用天車)絞上去……推平的推那段，要過一個隧道。)阿嬤說的山尖坑在成福山，煤礦必須先以流籠運至龍泉路

（今幸福廟邊），再用流籠拉上大暖尖，再下至大安寮坑。阿嬤印象最深的是流籠的節奏，她說：「流籠是有人在放，重車落、輕車起來，重車落、輕車起來……」

對一個少女而言，每一趟艱鉅費力推送礦車的終點就是流籠吊掛的裝載臺，從早到晚，一天不知多少趟，來來回回，只有到了平臺才能稍作喘息。

一九二四年（大正十三年），山本炭鑛引進長壁法水平開採，由媽祖田五坑和大安寮二坑進入，大安寮本坑搬出，再以手押臺車運至板橋車站。由大安寮本坑降煤到板橋車站，距離八公里，日治時期已完成軌道建設，軌距六一〇釐米，為標準軌距的四〇%，俗稱四分車。一九二六年（昭和元年），海山輕鐵株式會社輕便軌道媽祖田線全長一·六公里，有十臺車，可運乘客二六三七人、貨物三三萬七四五〇斤。由於土城、三峽之間礦脈的開發，一九三三年（昭和八年），橫溪—媽祖田全線完成，長三·一公里。為了開採煤礦，日治時期三鶯土城區的海山軌道路線總長達八〇·六三公里，創全島街庄輕便軌道路線最長之紀錄。[2]

日治時期從板橋驛到大安寮（建安坑）之間距離約八公里，媽祖田坑到大安寮坑間距離大約四·五公里，[3]隨著臺車軌道的架設，北部山區逐漸從茶園轉成礦場，像分散

臺灣煤礦開採方式的演進

臺灣最早的煤礦開採始於西元八〇〇年的凱達格蘭文化時期，西班牙、荷蘭以及鄭成功時期都曾開採過臺灣煤礦。正式的煤礦採集記載在一七一七年（康熙五十六年），當時的官員與地方仕紳都相信「龍脈說」，屢禁挖掘。鴉片戰爭之後，一八五〇年（道光三十年）英駐港總督文翰（Sir Samuel George Bonham）曾洽購臺煤未果，後英國駐福州領事金執爾（W.R.Gingell）又請購臺煤遭拒，英國屢次請求租賃開採煤田，亦遭以破壞風水為由拒絕。

不過，臺灣民間私挖煤礦不斷，據一八七〇年（同治九年）的官方調查，基隆附近私挖煤礦有九十二坑之多，由於私挖煤洞甚多，官方無法再實施煤禁，由胡守等勘定煤洞七十處，開放民間公開採掘。早期採煤使用拖籠坑法，由露頭部挖掘僅能容身之小坑道，沿煤層開採，以人工竹拖籠搬至坑外。如果遇到通風、排水、支柱困難時，即轉至他處開採。

一八七六年（光緒二年），沈葆楨推動官營新式大規模採礦，聘請英國工程師探勘後，在基隆八斗子開鑿臺灣第一口直井。該礦坑設置四十馬力蒸氣鍋爐，備有捲揚機與排水機，日產能力兩百噸。隨後，由於經營不善，又歷經中法戰爭，一八九一年（光緒十七年）由巡撫邵友濂關閉官辦煤務。

日治之後開啟機械開採時代，輔以軌道臺車運輸。一九〇三年（明治三十六年），秋山義一在田寮港開始利用小型船用鍋爐、蒸氣機關、捲揚機，在風坑裝設蒸汽鐵管加熱通風，為管卸（gwuan d´an，排風斜坑道）之始。採煤的方式也從以上、下不留煤柱方式的直線進行，使採煤面維持連續進行的工作面，稱為長壁法，並開始引進割煤機。

臺灣煤業在日治後期，因戰爭因素停滯，戰後初期政治動亂，僅能利用日治時代遺留下來的器材從事生產，直到一九五一年美援時期，才更新壓風機、鑿岩機及改良炸藥。隨著一九七〇年臺灣能源政策轉向，以及進口石油代替，臺煤逐漸沒落。同時因礦脈深入地底，為了進一步改善臺煤開採效率，經濟部、工研院開始輔導通風與冷卻系統的改善，但最終仍改變不了臺煤停產的命運。

資料來源：
臺灣鑛業史編纂委員會，《臺灣鑛業史》上冊，頁五七〇至五八一、五八八至六〇一。
經濟部，《臺灣地區煤礦開發經營之綜合研究報告》，一九九四年，頁四至五。

各處的毛蟲逐漸將原本翠綠的葉片蠶食精光，日式的房舍出現，礦坑周邊也開始種起椰子、蒲葵，還有原生的榕樹、竹林，處處充滿熱帶殖民風情。

十六歲開始，阿嬤正式進入山尖坑工作。我問她為什麼要從茶園轉入礦坑工作，她說：「古早欲做攏無得做，攏相搶做事。出一个礦窯，逐家攏咧相爭搶，火礦擔無，擔彼个火礦頭敲起來的礦頭，眾人等，留一支撿一支，等一支就愛等半工。」（以前要做都沒得

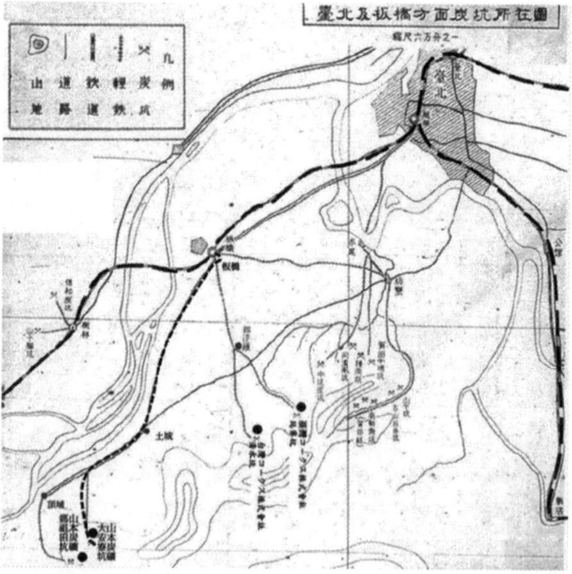

臺北及板橋方面炭坑所在圖

資料來源：三井物產株式會社臺北石炭支部，《臺灣炭礦志》，頁二五。

做，都互相搶工作。出現一個礦窯，大家爭著搶，擔不到礦，擔那個火礦頭敲起來的礦頭，眾人等，留一支撿一支，等一支就要等半天。）那是一個人浮於事、工作稀少的年代，當地方挖到礦脈時，大家爭相搶著去礦場工作，即使搶不到工作機會，也會留在坑外撿拾掉落的煤礦，帶回家當柴火燒。

回憶初入坑的情形，她說：「彼時車一來，為著賺錢，就爬上車，彼時攏毋知驚。一開始落去，坑足低，頭去撞著，撞著柱仔，一把火結（giat）佇遮，電池揹咧……」（那時臺車一來，為了賺錢，就爬上車，那時都不會害怕。一開始下去，坑很低，頭去撞到，撞到柱子，繫一把燈火在這，電池揹著……）雖然頭上戴著燈具，但由於坑內伸手不見五指，再加上坑道低矮，坑內地勢高低起伏變化大，一不小心就會撞到頭，阿嬤述說這段往事時很開心，彷彿回到傻傻不懂事的少女年代，完全忘了當時的疼痛。

礦工們一早入坑，傍晚出坑。當時阿嬤的工作是推送臺車，礦業臺車以鐵板或厚木板圍成車廂，可容〇．七至〇．八噸礦石，底座裝設四個輪子，以人力推行於鋪好的鐵道上，礦車底座有扣環裝置，礦車之間的扣環以插梢固定，串連多輛礦車，多人一起向前推進。她描述煤礦坑內的作業情況：「揀車落塗炭，塗炭挖成一管一管，用一个板管殼……車捒到板管，閣讓炭卸落，閣捒到片道，予流籠車絞起去。」（推車下煤炭，煤炭挖成一管一管，用一個運煤的鋼板口……車推到鋼板管口，再卸下炭，再推到煤巷，讓流籠車絞上去。）或許是從小營養不良，阿嬤的身材嬌小，不滿一百五十公分，只能使盡吃奶之力跟著其他人一起推，裝滿煤炭的臺車推到片道之後，再由捲揚機拉上去。

臺灣礦脈深入地底，礦坑愈掘愈深，從主坑下去到工作的煤巷之間長度可達二、三公里遠，深度數百公尺以上，從坑口到採煤巷，最遠得花一個多小時才能抵達。阿嬤那個年代工作的坑道雖然比較淺短，但是對一個青少女而言十分吃力，她說不清楚下土礦之後要推多遠，只說很遠很遠。黑暗的坑道內是沒有里程標記的，每日周而復始、來來回回，不論坑外晴天或雨霧，坑內永遠只有沉重、幽暗、潮溼、汙濁、令人窒息的空氣，以及隨著鋼索上上下下、反覆推移的炭礦重量。

礦工勞動辛苦，想必要吃很多才能補充體力，阿嬤說過去下坑時會帶便當與水壺，我問中午便當有什麼好料？阿嬤笑說：「哪有啥好料！有時紮（tsah）米飯，有時紮番薯，菜脯洗一條放落去。」（哪有什麼好料！有時帶米飯，有時帶番薯，洗一條菜脯放下去。）

菜脯是醃得很鹹很鹹的白蘿蔔乾，小時候用來配稀飯，現在是許多連鎖便當免費的配料，除了下飯之外，還可補充汗水流失的鹽分。這和我想像的礦工便當店相去太遠，不過，阿嬤似乎感到很滿足，雖然坑內吃飯經常沾著煤灰下肚，但好過坑外沒飯吃的人，當時能入礦場工作，算是幸運被揀選考驗過關者。

坑內大小礦石很多，地面凹凸不平，我問阿嬤那時工作會穿什麼鞋？她說：「攏褪赤跤（thìng-tshiah-kha），干若顧做事，腳去刺著嘛無顧痛，毋知痛……有時揀車去撞著跤，未顧著撫（bī-kòo-ê hoo），重車落來愛落崎，摸車攏摸無動，重車愛摸，真重。」（都打赤腳，只顧工作，腳刺到也不管，不知道痛……有時推車撞到腳，顧不得撫摸痛處，重車下坡來，拉都拉不動，重車要拉，很重。）很難想像阿嬤在坑內一年四季都是赤腳工作，除了沒錢買鞋的經濟因素外，她說赤腳容易抵住地面，下坡時有助於剎住臺車。坑內溫度經常高於地面氣溫，夏日炙熱難當，高溫可達四十度以上。[4]冬季寒流來襲時裸露在外的手、腳經常凍僵，她說：「寒甲跤攏紅矣，手凍甲硬梆梆，無法度舉箸（giàh tī），閣愛做工！」（冷到腳都紅的，手凍到僵，沒辦法拿筷子，還要工作！）坑內工作的辛苦實在超乎我的想像。

另一個令人尷尬的問題也浮上腦中：坑內要如何上廁所？阿嬤說：「尿去邊仔

海山煤礦主坑及其他坑道位置與深度

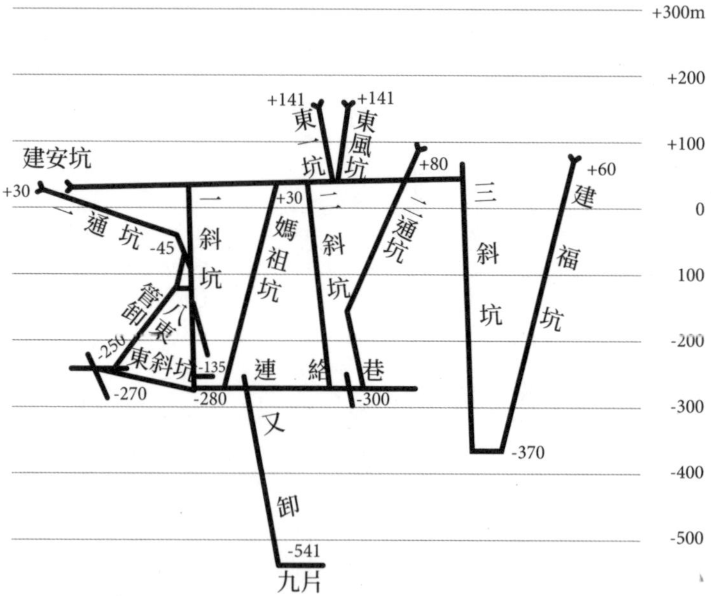

原始圖片來源：《海山煤礦股份有限公司概要》（海山煤礦股份有限公司，一九六八），頁二二。引自鐘宜君，〈礦業遺產之消失——以海山煤礦為例〉，頁八三。

參考資料：

- 賴克富等，《臺灣的煤礦》（臺北縣：遠足文化，二〇〇六），頁八八至九七。
- 鐘宜君，〈礦業遺產之消失——以海山煤礦為例〉。

運送（後改採用割煤機），挖煤工從煤面採煤後填裝煤車，將其推出片道，由捲揚機分段拖運，用機關車載運至坑口，煤炭運出坑口之後，經選洗煤之後再運至板橋火車站，這段降煤的鐵道長度約八公里（今新北市板橋區重慶路），後來改為卡車運送。

海山煤礦簡介

臺煤多位於地層深處，不似西方露天即可開採。主坑道可分為平坑與斜坑。一般礦坑通常以三十度向下開闢斜坑，由上而下可分三段，臺語稱為：本卸（pún-dàn，主斜坑）、又卸（iū- dàn，又斜坑）、再又卸（tsài-iū-dàn，再斜坑），各段斜坑之間有較寬廣可容礦車軌道的平坑，沿著主坑道兩側再開闢片道（煤巷），形成分支複雜的樹狀系統。

二戰之後山本炭鑛由李家接手經營，有主坑四坑，又斜坑一坑，主坑為日治時期已開闢的建安坑（今永寧村），是難得的平坑，隨著煤層深入，後來又陸續開媽祖坑與三通坑，最深的九片道已經深入地下五百餘公尺。建安坑設柴油電車（俗稱機關車），一九六三年陸續完成水平軌道建設，總長二公里，在本層斜坑之下有第二、三斜坑。中間有不同分段接駁的柴油電車牽引至卸頭（坑道口），再轉天車下放至又卸、再又卸及片道口，到了分叉片道之後坑內低矮，初時仰賴人力挖掘

海山煤礦三個主要坑口位置圖

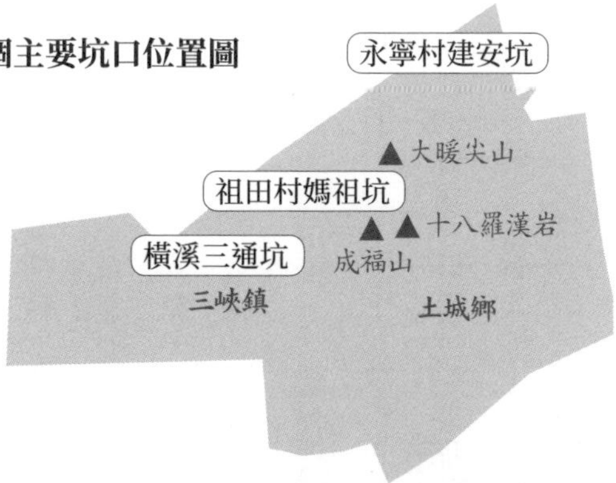

放……彼時揀車攏是查某的，查埔的佇坑的頂面，裡面攏暗暗無看，一人一把火……去掘土落來的所在放。」（去旁邊尿……那時都是女人推車，男人在坑上面，裡面都暗暗的看不到，一人一把火……去掘土下來的地方尿。）坑內空間很暗，所以如廁應該不是問題。但是女性碰到月事來時怎麼辦？如何更換衣褲？她說：「用破布、破棉被，哪有換！出來才換，坑內沒所在換。」當時沒有生理假，臺車工作按車計酬，月事休息就不計薪，礦場女性即使月事來臨，甚至懷孕大腹便便也都照常工作。一直到出坑回家，才能整理半身的血汙，經血外露的難堪已成為女性礦工的日常，幸而坑內黑暗，出坑之後又是全身灰黑，不細看大概也辨不出暗紅血跡。單是想到阿嬤在炙熱潮溼的環境下，忍著經痛、混著凝結血塊持續工作，一身溼黏煤灰的經血腥味還得發力推車，不由得心疼。

看著阿嬤單薄的身體，實在無法想像她可以推動百來斤的礦車，好奇地追問那時在坑內工作的女性多嗎？她說：「查某人去下土礦……嘛有對手的，嘛有人做土的，改修啦！」（女人去倒礦……也有雙人組協作，也有人整修坑道！）

阿嬤見證了山本鑛業女性的工作樣態，她說坑內女性的工作是做「二手的」，是男礦工的輔助者，從採炭、支柱，到選煤、搬運、雜伕，原本男性擔任的坑內工作，幾乎都有女性參與，[5]大概有四、五位，問她還有誰？想來想去，阿嬤只記得陳銀、牡丹，其他人的名字都忘了。

依據昭和年間（一九二七至一九三三年）的《山本炭鑛》調查，女性從事的是坑外選煤工作，選煤女工人數最多有四十人（一九二九年），最少是十二人（一九三二年），每位女工的每日平均工時在四至十三小時之間，並沒有記錄阿嬤這種坑內的搬運女工，更不用說那些男性從事的岩層爆破推進（做石）或挖煤礦（做炭）工作，女性是礦場內的「另類黑工」。我想山本先生應該知道日本內地禁止女性入坑工作，為了不違反法令，所以只登錄坑外女工人數，沒有記錄阿嬤這些坑內搬運、輔佐男性的女工，匯報出去的薪資也是坑外女工的水準，女性選煤工平均時薪為〇．二五至〇．三元，採礦男工薪資為一．六三元，不及男工的五分之一。[6]不過，傳統社會女性大多只能在家煮飯、帶小孩，能夠找到有薪工作實屬不易。

女性礦工屬臨時工性質，通常得等所有男工收工，收拾善後才能離開，工時差距的變化更顯現出她們工作的彈性與脆弱性，經常處於過勞與過閒之間，隨景氣浮動而變化，景氣好就有工作，景氣不佳就會失業。女礦工必須服務所有礦場中的男性礦工以及行政職員，經常被任意指派不同的工作，看起來是什麼都做的雜工、二手工，男工可以做的工作，有時候女工也要做，有時做坑內助手，有時做坑外選煤，也可能隨時被事務所行政人員叫去煮飯、燒水、運煤、打雜。她們是整座礦場的母親，每天有做不完的工作，如果沒有女性的後勤支援，礦場也難以運作。

籍職員有增加的趨勢。

以一九二八年的統計表可以看出，山本炭鑛內地人與本島人，男工與女工不同工、不同酬的現象。統計資料並未呈現坑內女工的資訊，而且薪資亦低於最低工資。

一九四〇年（昭和十五年）十月十六日，日本殖民政府公布勅令第六百七十五號，訂定最低工資表，工資依族群、性別與工作內容而定，一日工作十小時之內的坑內日籍工人最低工資有七十至一百八十錢，臺籍男工為三十八至一百錢，臺籍女工則為二十九至四十五錢；而日籍的坑外工作有五十六至一百五十錢，臺籍男工為三十一至八十錢，女工僅有二十八至四十錢。日籍與臺籍礦工同工不同酬，而不同年齡層的臺籍男、女工資水平不一，不論坑內或坑外工作，日籍工人最低工資為臺籍男工的一．八倍，而坑內臺籍男工又是臺籍女工的一．三至二．一倍，坑外臺籍男工最低工資約為臺籍女工的一．一至一．九倍。

資料來源：
- 臺灣總督府殖產局鑛務課，《山本炭坑》，臺灣日治時期統計資料庫，http://tcsd.lib.ntu.edu.tw。
- 臺灣鑛業史編纂委員會，《臺灣鑛業史》下冊（臺灣省鑛研研究會與臺灣區煤礦同業公會，一九六九），頁一四六八至一四六九。

日治時期山本炭鑛的勞動統計

山本炭鑛（礦第一一一號）在一九二七至一九三二年（昭和二至七年）的勞動統計，以一九二八年（昭和三年）員工人數最多，男工五百二十八人，女工四十人；一九三一年人數最少，男工只有二百三十八人，女工只有十二人，顯示礦工人數隨景氣浮動而有很大的變化。管理職員數量在十四至二十四人之間變化，一九二八年人數最多，二十四位職員中有四位日本人，二十位臺灣人，臺

鑛第一一一號

位置：臺北州海山郡土城庄三峽庄地內

名稱：山本炭礦

役員											
種族	採礦	選礦	製煉	事務	其他	計					
內地人	1	0	0	2	1	4					
本島人	4	0	0	5	11	20					
礦夫其他從事者											
種別		男					女				
		人員	延工數	最高賃金	最低賃金	平均賃金	人員	延工數	最高賃金	最低賃金	平均賃金
採礦	內地人	0	0	0	0	0	0	0	0	0	0
	本島人	258	49955	3,00	90	1,45	0	0	0	0	0
選礦	內地人	0	0	0	0	0	0	0	0	0	0
	本島人	0	0	0	0	0	40	9238	35	20	27
製煉	內地人	0	0	0	0	0	0	0	0	0	0
	本島人	0	0	0	0	0	0	0	0	0	0
支柱	內地人	0	0	0	0	0	0	0	0	0	0
	本島人	15	2811	3,20	1,20	1,70	0	0	0	0	0
運搬（坑內）	內地人	0	0	0	0	0	0	0	0	0	0
	本島人	91	20720	2,20	1,00	1,12	0	0	0	0	0
運搬（坑外）	內地人	0	0	0	0	0	0	0	0	0	0
	本島人	66	15817	1,90	70	1,07	0	0	0	0	0
礦工	內地人	0	0	0	0	0	0	0	0	0	0
	本島人	1	350	2,00	2,00	2,00	0	0	0	0	0
其他	內地人	0	0	0	0	0	0	0	0	0	0
	本島人	97	39957	3,00	60	1,20	0	0	0	0	0
計	內地人	0	0	0	0	0	0	0	0	0	0
	本島人	528	129610	0	0	0	40	9238	0	0	0
礦產											
年次	種別	數量	價額	備考							
昭和三年	石炭	33619	284811	價格ハ板橋驛貨車乘ナリ							

1 一九一一年，日本《工場法》施行，規定工廠不得僱用十五歲以下之人，一九二三年《工場法》修改，將最低僱用年齡放寬到十四歲，但是該法顯然不適用於殖民地臺灣。參見劉晏齊，〈看得見與看不見的勞工：青少年勞動的法律史考察〉，《中研院法學期刊》二〇一九年特刊一，頁五一二。

2 王明義編，《三峽鎮志》第十章〈交通〉，http://szt3d.ntpu.edu.tw/taipei/d/c/c_1/c_1_010.html。

3 三井物產株式會社臺北石炭支部，《臺灣炭鑛志》（臺北：三井物產株式會社，一九二五），頁一七六。

4 賴克富等，《臺灣的煤礦》，頁一〇三。臺灣深部煤礦以海山一坑溫度最高，可達四十六度。

5 阿嬤是山本炭鑛的坑內女運搬工，但是依據臺灣總督府殖產局商工課的《臺灣礦業統計》調查，山本炭鑛在一九二七至一九三二年之間並無坑內女性工作的統計，坑外工作的女性也僅記載選煤工作。筆者推測可能是因應日本內地已經修改《工場法》，因此山本不願意公開在臺灣違法僱用童工與女工的事實。

6 臺灣總督府殖產局鑛務課，《山本炭坑》，出處為臺灣日治時期統計資料庫，http://tcsd.lib.ntu.edu.tw。

第二篇

礦工家庭

阿嬤目前住在土城的四層樓公寓，客廳牆上掛著一張阿公的黑白照片，和查某祖的遺照排在一起。照片中的阿公留著寸頭，濃眉大眼、炯炯有神。我問阿嬤怎麼認識阿公的，她說是有人介紹，那是一個依媒妁之言婚姻的年代。再問：「結婚前認識嗎？」阿嬤說：「阮相（siong）隔壁山，他蹛煙園，[1]我佇石門內。」（我們相距一座山，他住煙園，我在石門內）追問阿嬤相親看了多少個、為什麼會選阿公？她笑著說：「只有看一个，彼時陣戇戇（gōng）的，袂曉揀，看一个就決定矣。彼時的人真古意（gǔ-yì），無像這馬遮賢慧（hiân-huī）。」（只有看一個，那時候傻傻的，不會選，看一個就決定了。那時的人比較老實，不像現在什麼都會。）

一瞬之間，我彷彿看到一個十八歲茶山小姑娘的顧盼風情，阿嬤臉上褪去了皺紋，皮膚白裡透紅，頭髮由稀疏灰白轉成茂密黑亮，身穿布衣，髮上別著桐花，隔著茶山深情地望向情郎，邊唱山歌邊採茶。那時的媽祖田周邊仍是一片翠綠，丘陵地到處都是茶園。

然而，現實中阿嬤是泉州人，不是會唱山歌的客家人，她和阿公也沒有採茶姑娘和情郎隔山對唱的浪漫，婚姻生活是戰亂年代艱苦求生的開始……。

3 戰火

一九四四年(昭和十九年)，在戰火肆虐下，阿嬤與同庄的張祿結婚，從此改變姓氏。明治維新後，日本政府仿效西方國家，採取夫妻同姓制，[2]臺灣社會的女性婚後必須冠夫姓。由於戶政人員的錯誤，將阿嬤的本姓「曾」漏掉了，登記成一個新名字：「張桂」。阿嬤不識字，沒發現自己本來的姓氏消失，也將錯就錯稱為張桂，不過，在礦場中大家暱稱她為「秀蘭」。

婚後阿嬤仍在礦場工作，每天只能看得到六點之前的晨曦，以及下午四點之後的晚霞，其他時間都活在陰溼黑暗的坑內或工寮中。我問阿嬤平常礦坑工作結束之後，會做什麼事？阿嬤說沒有做什麼事，就是「煮飯、食飯、睏(khùn，睡覺)」。想想也是，白天工作已經夠辛苦了，天黑之後當然要早早休息。礦場生活的夜特別得長，在坑內工作白天不見天日，夜晚時村內也漆黑一片，那時電力仍不普及，受到戰事影響，煤油是配給的，阿嬤說：「無火，愛去到土城領（煤油），一改去等半工，配一小罐油轉來，毋甘（m̄-kam）點大葩（pha），油碟掛佇壁，彼心攏弄佮勼勼（kiu），勼起來就較小葩。」（沒火，要去土城領煤油。一次去等半天，配一小罐油回來，捨不得點大盞，油碟掛在牆上，煤油心弄得縮起，縮起來就比較小盞。）照明讓夜晚與白天的生活幾乎沒有差別，現代人已經很難想像煤油燈時代的生活，只有在颱風或電力維修時，才能體會沒有電的不便。

一九四四年（昭和十九年），日軍塞班島戰役慘敗，軍方預期臺灣可能成為美軍下一波登陸目標，八月陸上防禦作戰指導「臺灣島築城計畫」出爐，[3]預想決戰時刻落在九月，美軍將從高雄、屏東一帶海岸登陸，日本軍方要求全島軍民一體，準備迎接最終一戰。十月起，美軍登陸菲律賓雷伊泰島，十二月登陸呂宋島，隔年一月攻占仁牙因灣、大敗日本海軍，第五航空隊大規模進駐菲律賓，整個南臺灣皆籠罩在美國空軍轟炸範圍內。一九四五年（昭和二十年）二月，美軍在呂宋島北部的航空基地建置完成，開始進行全臺大轟炸，高雄港癱瘓，在港灣與飛行場之外，還針對鐵路、公路、橋梁與大型工廠展開全面空襲。[4]依臺灣總督府統計，一九四四至一九四五年之間，全臺空襲死亡一一六三人、失蹤七人、輕重傷計二〇六四人。[5]在美軍的炮火襲擊下，全島多處交通癱瘓、資材缺乏，位於土城的山本炭鑛很幸運地未受美軍轟炸的影響，但因為派出人力支援軍方行動，再加上聯外交通中斷，導致產能下降。

在美軍對臺灣全島進行大空襲之後，日軍改採全面洞窟化戰略。在「臺灣要塞化」的戰略下，軍部在臺灣島各軍事要點全力構築防禦工事，利用地形挖成「穹窖」，在地下挖掘出四通八達的坑道，大小只容槍炮，建立地下起居與儲存空間，徵召全臺青壯年在海岸線挖戰壕、彈藥庫及土方運送。[6] 山本炭鑛的礦工也被徵派，阿嬤隨阿公一起前往屏東挖掘防空壕設施。在美軍的密集轟炸下，四面楚歌，一顆炸彈很可能就要了全員性命。阿嬤回憶起當時去下港（ē-káng，臺灣南部）挖防空壕的情景，餘悸猶存地說：「（飛機）開佇山邊，追欲（teh-beh）驚死……飛機咧頭頂，銃子嚇嚇叫……起火欲煮（飯），飛機飛過，有煙愛馬上禁掉，（無會）有炸彈……」（飛機開在山邊，快要嚇死……飛機在頭上，子彈鬧轟轟，生火要煮飯，有煙要馬上熄掉，不然會有炸彈……）在南部做了一年多，工作地點經常改變，有時在山邊，有時在海邊，晚上住在工寮，阿嬤根本不清楚自己身在何方，只記得一個屏東的地名——林邊，那是阿嬤這輩子第一次離家那麼遠，在彈如雨下的戰區工作。幸好戰事持續沒多久就結束，阿公和阿嬤平安回到土城。

二戰末期，日本已是強弩之末，為了支援殖民母國的戰事，殖民政府更緊縮臺灣糧食消費。[7]一九四〇年（昭和十五年）十月殖民政府公布「米穀管理規則」，實施糧食配給制，米穀的配給基準量為大人每人二合三勺（約〇．四公升）。日本警察、巡查不時會到臺灣農家巡視農作的生產概況，調整要求繳納的稻米數量，也查緝農家是否私藏稻米，一旦被查獲有隱匿情事，戶長有可能被日本警察捉去毒打。隨著前方戰事升高，糧食、物資必須優先供給軍隊使用，配給的食物更擴大到小麥、番薯與雜糧，由殖民政府統一收購，運往米糧不足的日本母國，臺灣逐漸從米糧剩餘轉為不足地區。阿嬤說：「我捌(bat)食番薯十幾工，彼時連燈秤花[8]攏去撿轉來食，彼時陣無米，日本時代配給米，食無夠。」（我曾經吃十幾天番薯，那時連燈秤花都撿回來吃，那時候沒有米，日本時代米是配給的，吃不夠。）

阿嬤回憶中，青春歲月經常在半饑餓狀態下工作，難怪阿嬤完全不挑食，什麼都吃。現代人每餐都有吃不完的食物，有時便當沒吃幾口，留下一堆剩菜、剩飯就丟了。來自貧困礦村的阿嬤捨不得丟食物，母親也是如此，剩菜總會吃吃留留，吃完為止，有時連父親都看不過去，罵屬豬的媽是在「吃潘」(p'un，餿食)。小時候常聽到媽媽告誡說：「食無清氣會嫁貓翁」（吃不乾淨會嫁花臉丈夫），不然就是警告我們：「浪費糧食會被雷公劈死」，希望我們惜福，連帶也影響到我的價值觀，丟掉食物會有罪惡感。長大後生活漸漸豐裕起來，知道嫁的丈夫長相和剩食無關，丟棄食物也不會招致雷擊。每次大型宴會之後都想把高級剩食帶回家，但又擔心洩露自己底層出身的摳門本性，尤其是參與學術研討會晚宴，大家吃的異常得少，每回都剩下許多佳餚，我不好意思說要打包，只好眼睜睜看著美味菜餚被清理。近來環保觀念興起，終於給自己打包剩食的正當性，毫無懸念地把剩菜帶回家。原來貧窮真的是隱性文化基因，不論生活變得如何光鮮體面，總會不經意地在日常生活中浮現。

太平洋戰爭時期的生活物資都是配給的，不僅是米糧，也包含豬肉、酒等奢侈品。阿嬤記得：「豬肉嘛是配給，一个人配幾兩……彼時店仔叫草移（tsháu-i），咧刣（thâi）豬的，好好的（部分）攏後面去，賰的（tshun ê）才配給，看一个人幾兩……燒酒嘛是配給……」（豬肉也是配給，一個人配幾兩……那時店員叫草移，在殺豬的，好的都後送給軍方，剩的才配給，看一人幾兩……燒酒也是配給……）豬隻由日本殖民政府登記列管，必須在官方限定的公營屠宰場宰殺，繳交屠宰稅，臺灣人只能吃那些豬皮蓋過藍色章的肉。

農家養成一隻豬需要一年多，期間日本警察會到農家查核豬隻成長的進度，如果被日本警察抓到私宰豬隻，會拘役或科罰金。[9]儘管日本警察凶悍，卻怎麼管也管不了人類原始口腹之慾，人與豬共生相棲，在殖民者看不到之所在，臺灣農家總會私養少量豬隻，供特殊年節或慶典食用。

阿嬤想起過去難得的吃豬肉經驗，是在紅鼻叔公（有仔）被日本政府徵召入伍時。她說：「小叔予摸去戰爭，刣豬予伊食，彼時戰爭較危險，較辛苦，愛刣豬予伊食。日本時代袂使（bē-sái）刣豬，愛登記，袂使家己刣，愛偷刣。」（小叔被拉去打仗，殺豬給他吃，那時戰爭比較危險，比較辛苦，要殺豬給他吃，日本時代不能殺豬，要登記，不能自己殺，要偷殺。）

自一九四一年（昭和十六年）日本發動「大東亞戰爭」以來，臺灣便進入戰時體制，起初臺灣人多半派到中國大陸去當通譯。一九四二年（昭和十七年）開始分批招募「臺灣特設勞務奉公團」，派往澳洲北方及新幾內亞灣作戰。[10]殖民政府一開始先徵召警察、公教人員入伍，能夠參與大東亞戰爭是個人殊榮，當時土城庄唯一的警察服部先生入伍時，還舉行了盛大的歡送會。[11]

隨前線戰事節節敗退，在最後的決戰來臨之前，日本政府採取玉石俱焚的戰略，在島上廣徵民地，興建機場，擬將臺灣建構成一座「不沉之空母」(不沉沒的航空母艦)，成為日本軍機隨時可以起飛的基地，[12]同時建構了一支神風特攻隊，執行「一人、一機、一彈換一艦」的自殺攻擊，以捍衛日本殖民母國的安全。[13]由於前方戰事吃緊，志願兵已經無法補足兵源損失，自一九四五年(昭和二十年)起，臺灣實施徵兵制，徵召全島十九至四十歲的壯丁，第一梯共四萬五七二六人，[14]直接充作現役兵，紅鼻叔公當時也在徵召之列，由於前線戰事凶險，家人才特別殺豬餞行，沒想到阿嬤難得吃到的豬肉，竟然是在這樣的生離死別之際。

在回憶這段往事時，阿嬤只記得豬肉的美味，並沒有特別的榮譽感。有的從軍子弟出發前會拍下家族大合照，這可能是他們最後的遺照，作為日後家人緬懷之用。從臺籍日本兵的照片看來，有漢人，也有原住民，個個相貌英挺，頗有「壯士一去兮不復返」的豪情。聽說一開始為了爭取為天皇效命的機會，從軍者還得立血書以明志，雖然不知道有多少人是受天皇感召而自願從軍，恐怕更多是像叔公一樣，被日本政府強制送去前線當炮灰。一九四五年四月美軍登陸沖繩，臺灣全島才免於淪為戰場，叔公沒多久也平安歸來。

一九四五年七月二十六日，美、英、中三國向日本政府發布《波茨坦宣言》，提出警告並勸降。八月六日，美軍在廣島投下第一枚原子彈，八月九日，在長崎投下第二枚原子彈。八月十五日接近正午時，奏完日本國歌之後，日本天皇對外發出：「朕深鑑於世界大勢及帝國之現狀，欲採取非常之措施……」廣播聲音斷斷續續，許多人一時不解其意，以為天皇激勵大家戰至一兵一卒，後來才知道是宣布向同盟國無條件投降。[15]這二十天的遲疑造成三十八萬日人喪生，期間也不知有多少臺籍日本兵白白送命？大日本帝國敗亡了，臺灣島上歡聲雷動，也有人黯然神傷。太陽旗降下之後，換上青天白日滿地紅的中華民國國旗。

1 土城媽祖田庄舊地名，位於現在的普安堂附近。

2 一八九八年日本殖民政府頒布《戶籍法》，規定「每戶都要有固定姓氏，子承父姓，妻從夫姓；分家後仍用原姓，不得任意更改」。

3 〈附録・別冊其の2　台湾島築城計画の大要〉，收錄於《第十方面軍作戦記録（台湾及南西諸島）》，日本亞洲資料中心（JACAR），https://www.jacar.archives.go.jp/das/image/C11110388500。

4 黃智偉，《全島要塞化——二戰陰影下的臺灣防禦工事（1944-1945）》（臺北市：如果出版，二〇一五），頁一二八。

5 根據臺灣總督府警務局防空課《台湾空襲状況集計　昭和二十年一月至八月》記載，昭和十九年一月中死者四八〇人、失蹤五人，輕重傷者合計一〇一七人，頁八三六；昭和二十年二月中死者六八三人、失蹤二人，輕重傷者合計一〇四七人，頁八六六。日本亞洲資料中心（JACAR），https://www.jacar.archives.go.jp/das/image/C11110408500。

6 黃智偉，《全島要塞化——二戰陰影下的臺灣防禦工事（1944-1945）》，頁一二六至一二七。

7 黃仁姿，〈戰爭與糧食：二戰期間臺灣糧食管理體制的建構（1939-1945）〉，《國史館館刊》第五十二期（二〇一七年六月），頁三三至七二。

8 燈秤花為臺灣常見的冬青科植物，果為核果，熟果圓球形呈黑色，直徑約〇．五至〇．七公分，熟果可食、味微甜稍苦澀。見應紹舜，《臺灣高等植物彩色圖誌》第五卷（臺北市：南天出版，一九九五），頁四〇四。

9 依《臺灣屠畜取締規則》第十一條，可處二百元以下罰金、處拘役或科以科料（小額罰金）。參見小池拓人，〈日本帝國體制下的臺灣豬隻〉（臺灣師範大學臺灣史研究所碩士論文，二〇二一），頁一七三至一七四。

10 蔡慧玉、吳玲青，〈劉玄輝先生口述紀錄〉，《走過兩個時代的人——臺籍日本兵》（臺北市：中央研究院臺灣史研究所，二〇〇八），頁三七四至三七五。

11 應大偉、藍美雅，《擺接風華土城情》（臺北縣：臺北縣立文化中心、土城市公所，一九九七），頁三九。

12 洪致文，〈二戰時期日本海陸軍在臺灣之飛行場〉，《臺灣學研究》第十二期（二〇一一年十二月），頁四三至六四。

13 波特（Edgar Porter）、冉瑩著，《被遺忘的人群：神風特攻隊員、助產士、學生、教師，日本平民的二戰歷史記憶》（新北市：臺灣商務印書館，二〇二一）。

14 施行身體檢查之後進行分級，甲種體位四六四七人，乙種體位一萬八〇三三人，參見臺灣省民政廳，《征兵概述》（臺北市：臺灣省政府祕書處，一九四九），頁五。國家圖書館臺灣記憶資料庫，https://reurl.cc/nrx7g2。

15 波特、冉瑩著，《被遺忘的人群：神風特攻隊員、助產士、學生、教師，日本平民的二戰歷史記憶》，頁二四七。

4 接收

隨著日本帝國覆滅，在臺灣創立三十年的山本炭鑛也畫下句點。一九四五年十月，日本投降後，以陳儀為首的臺灣省行政長官公署接管臺灣，在接收的混亂期間，阿公、阿嬤成為政權移轉下的失業礦工。

臺灣省行政長官公署接收臺灣之後，整理殖民時期的礦業權成為第一要務。一九四六年四月二十六日頒布《臺灣省礦權整理辦法》，當時臺灣核准開採的煤礦區有八百九十三個單位，[1]分為臺資、日資以及日臺合資，要求臺灣礦主必須在一個月內登記換發臨時執照，否則礦業權即自動消滅，收為國家所有。[2]由於臺煤產權複雜，再加上中、日的礦業行政制度不同，連度量衡系統都無法統一，顯然不可能在一個月內完成換照，引發臺灣礦主的反彈，官方不得不一再延長礦權設定期限。

依國民政府處理收復區原則，日資礦企業被視為敵國資產，一律接收作為政府資本，估價之後再予人民經營，或規定出租條件出租。不過，當時來臺的中國大陸技術行政人員總數不及二千人，臺灣省行政長官公署認為「本省籍者一時又不克立予負擔較重責任」，[3]為維持煤業生產量能，一開始維持對日本企業的監理，再進而接管。一九四五年十一月八日，臺灣省行政長官公署成立「煤業監理委員會」，一九四六年三月十八日成立「煤業接管委員會」，由監理委員會人員主持業務，進行點收，之後再移交「臺灣煤礦有限公司籌備處」辦理。接收對象從日營與日臺合營的礦場開始，山本炭鑛為首批受監理接管者，一九四五年十二月四日開始監理，一九四六年四月一日接管，接收財產內容包含機器、工具、材料、建築物、礦區、土地木材、證券票據、現金、庫存煤炭等，合計九．一億日圓，[4]為當時接收的礦企業財產總值第三高者。[5]

不過，臺灣省行政長官公署在接收山本炭鑛之後，卻無法依計畫迅速恢復戰前的生產，礦工已因停工、領不到薪資離去，形成職員多而工人少的怪象，加上礦場機械老舊而無人力養護，產量反而不及日治時期。[6]

一九四七年五月，臺灣省行政長官公署將油、電、糖、水等公用事業之外的產業合組編成「臺灣工礦股份有限公司」，[7]處理日人留下的資產。同年八月，經濟部於南京召開全國「煤礦增產會議」，當時臺灣省煤礦工業同業公會提案主張「臺省日產礦區應出售民營」，理由是：「臺省煤層稀薄，變化甚多，故不合乎官辦之大規模經營，於是以小礦區居多，而交互交叉重複，易侵入鄰近之日產礦區，況自光復前省人向日人借礦開採，投下巨資，設備完善者，為數甚多。」[8]

臺灣的煤業最終未被國民黨政府收歸國有，納入國營企業，轉而由臺灣省政府自行處理。煤業的礦權仍維持日治時期的組織經營模式，持續以小規模、私人企業的組織方式蓬勃發展。但省政府放任礦權之間變相層層轉租，使得抽紅比率不僅超過日治時期的二％上限，達到二〇％，最高甚至飆至四〇％，[9]國民黨政府時期比殖民時期日本企業家對臺灣開礦者剝削更甚。

臺灣工礦股份有限公司接收之後，先派錢卓儒[10]為礦主，管理山本炭鑛。一九四九年十月，山本炭鑛與三德煤礦合併，改名為海三煤礦，轄下有大安、媽祖兩坑，由翁鎮任礦主，開始穩定生產。之後，海三礦權轉給中國鑛冶工程學會的理事長王求定，他也是煤業監理委員會的主任委員，在他大力整頓下，總算恢復生產，但生產規模大為縮減，產能僅及日治時期山本炭鑛的十分之一。[11]

另一方面，臺灣省行政長官公署於一九四五年十二月十五日公布《臺灣省日僑省內遷移管理暫行辦法》，特設「日僑管理委員會」，一九四六年開始大規模遣送日人，規定他們除了隨身衣履、食物藥品與日常用品之外，不得攜帶武器類、照相機等光學器材、寶石藝術品、有價證券、奢侈品，現金亦以每人一千日圓為限，同年四月總計有二十八萬日人被遣返。[12]一九四七年十一月，國民黨政府對留任機關的日人再次進行遣送作業，包含山本義信夫婦一家三代在內，他在草山建立的後山公園住所也一併被徵收，[13]山本一家人帶著惆悵不捨的心情離開臺灣。

阿嬤依稀記得當時日人遣返的事，但並不是懷念日本人統治，而是羨慕臺灣人可以接收日本人的財產，她說：「若接收到日本人的厝上好，彼時陣攏免錢，咱遮邊店仔有一个查某人去日本人家煮飯，日本人一行，就得到一間厝，人走就佮所有的物件留予伊。」（如果接收到日本人的房子最好，那時候都不用錢，我們這邊雜貨店有一個女人去日本人家煮飯，日本人一走，就得到一間房子，人走就把所有的東西留給她。）有些日人不願財產被國民黨政府接收，臨走之前會留給臺灣人一些「紀念品」，統治者與被統治之間的情感五味雜陳，或許有些不甘心，不願意眼睜睜地看著家產充公，又或許是不捨、感恩，總歸有著人與人之間生離死別的情分。

帝國崩解之日也是山本炭鑛終止之時，接下來是新的政治時代，在舊政權移轉之後，礦場易主，頓時失去工作的阿公只好另謀生路。家人商量後，阿公帶著查某祖、阿嬤，舉家移居臺南，在舅家製餅廠工作。工廠位於臺南西區（今湯德章紀念公園旁），沒想到才剛去沒多久，就碰上國民黨軍隊入府城，阿嬤回想當時的肅殺之氣還心有餘悸：「國民黨來彼時我佇臺南，佇我舅遐。兵足多，佇大菜市，一直來，吼吼叫……」（國民黨來那時我在臺南，在我舅舅那裡。兵很多，在菜市場，一直來，大吼大叫……）初次聽到阿嬤提到這段二二八經歷，才知道對她而言，竟是比美軍轟炸還要可怕的記憶，美軍空襲雖然很嚇人，但是距離很遙遠，可以躲入地下防空洞，但國民黨的軍隊卻是直搗城市中心，和在街頭煮飯的阿嬤面對面相遇。

阿嬤的這段經驗與過去教科書念過的歷史完全不同，教科書上說的是總統蔣公領導中國八年抗戰，打敗日本帝國，臺灣回歸祖國懷抱。但是，阿嬤沒念過書，她的認知卻是臺灣被美軍空襲，美軍在日本投下原子彈之後，日本政府被迫投降，臺灣被中國國民黨軍隊占領。

隨著臺灣社會民主化，才有機會重新檢視這段隱沒的二二八歷史。日本無條件投降之後，一九四五年八月，蔣中正派遣陳儀擔任臺灣省行政長官公署長官，兼任臺灣省警備總司令部總司令，以盟軍中國戰區蔣中正的代表接收臺灣。原有的日本殖民政府高層職位多改由中國大陸通國語的外省人擔任，他們之間良莠不齊，且不諳臺語、日語，貪汙詐欺、涉足不良場所事蹟頻傳，引發臺灣人的不滿。一九四七年二月二十七日，專賣局查緝員在臺北市太平町天馬茶房附近查緝私菸，打傷菸販林江邁、誤殺市民陳文溪，激起臺灣群眾久積的憤怒。次日，民眾發起罷市，遊行至專賣局抗議，並前往長官公署請願，卻遭到衛兵以機槍掃射，引發全島的抗爭與衝突，各大都市陸續爆發暴力衝突，軍隊開槍鎮壓，死傷人數不斷增加。隨後，各地民間力量組成武裝部隊，收繳槍械、控制政府機關，企圖以武力達成政治改革要求。陳儀表面上妥協讓步，卻將這次事件視為「叛亂」，暗地裡向中央政府請調援兵。同年三月五日，國民黨主席蔣中正派兵來臺灣支援。

當時臺南市有一群青年接收警察局武器，配合市參議會召開市民大會，提出「全面改革省政」、「實行市長民選」的要求。一九四七年三月六日，「二二八事件處理委員會臺南市分會」成立，時任執業律師的湯德章被推舉爲治安組長，提出「縣市長民選」的改革呼聲。三月八日，市參議會、區里長、人民團體代表、學生代表聚集於參議會選舉市長，但投票結果湯德章落選。三月十日，陳儀宣布全臺戒嚴，解散處理委員會等社會團體，導致大量臺灣民眾遭到逮捕、槍斃或失蹤。三月十一日，國軍第二十一師由高雄進入臺南市。三月十二日，湯德章被捕，肋骨被槍托打斷，反綁懸吊刑求一整夜。酷刑之後，反綁雙手，背插名字木牌，以卡車繞街示眾，隨即押赴民生綠園槍決，並曝屍示眾。[14]

阿嬤當時在臺南目睹二二八事件的混亂場景，她不知道這個事件中究竟死了多少人，只知道當時的勢人（gâu-lâng，能幹的人）都被抓到「石像」行刑。她回憶說道：「頭人(thâu-lâng)攏抓去刣，較勥跤(khiàng-kha)攏抓去刣。作穡人(tsoh-sit-lâng)無做就毋通食(m̄-thang tsia̍h)，只好順伊。」（帶頭的人都被殺，比較精明能幹的都被抓去殺。勞動者沒做事就沒得吃，只好順從他。）石像是臺南今日民生綠園的舊名，或許是遊街示眾行刑的場景太過驚悚，這個臺南舊地名在阿嬤腦中竟然烙印超過四分之三個世紀。

打從我考上高中開始，爸爸就千叮萬囑，不能聽教官的話入黨，不要參與任何政治活動，不知道為什麼父母每次聽到我批評政府的言論就緊張兮兮，叮囑我在外面不要亂說話，但從未解釋過原因。高中學校教官未曾遊說我入黨，我在臺灣解嚴的前一年（一九八六年）進入大學，第一次上「國父思想」課，當時的老師要求我們不能錄音，每次上課前會先來回巡視同學的座位，確認沒有錄音設備才開講。那個年代沒有手機，不是每個學生都有錢買錄音設備，我不知道有誰上「國父思想」會要錄音？只覺得家人、老師都很緊張，不知在擔心什麼？後來陸續瞭解二二八相關歷史，才知道那時陳文成事件發生沒幾年，臺灣大學校園內仍瀰漫白色恐怖的氣息。一九九〇年野百合運動時，父親還特地到中正紀念堂前廣場找我，但是在數千名學生中哪找得到他的女兒？甚至到二〇一二年，我以教師身分參與籌組臺灣高等教育產業工會時，系上一位資深老師還私下告誡我要小心，會被點名做記號。

原來二二八的恐懼在臺灣人身上也烙印了一整個世代。

二二八事件之後，不僅是日本工廠被國民黨政府接收占領，有不少臺籍工廠也以「敵偽工廠」之名被沒收接管，阿嬤說：「……（工廠）攏是政府個的，好的攏是個占占去。」（工廠都是政府他們的，好處都被他們占有。）所幸舅公家的製餅工廠沒被接收，還勉強營運下去。阿公在製餅工廠工作，阿嬤負責煮飯給工人吃，一家人在混亂的政治局勢下勉強謀生。

對於改朝換代一事，阿嬤覺得：「予日本人佮臺灣人管攏無啥差，彼時是半咧枵（iau）……」（被日本人跟臺灣人管都沒差，那時是吃不飽……）她的口氣中透露著些許無奈，知道不論是誰當家，日子還是得靠自己努力拚搏，才能養家活口。有一回阿嬤工作太累而中途睡著，煮的稀飯不小心流了出來，差點釀災，她才意識到自己懷有身孕，長期操勞，加上營養不良，身體無法再負荷沉重的工作。

在府城待了一年多，阿嬤一家人靠阿公一人工作，入不敷出，把原本帶去的積蓄都花完了，只好再回到土城老家。

1 日治時期全臺許可開採的礦區總數一七一二個單位，依組織經營來看，日本政府組營者有六座，日本民間經營者有三三七座，日本與臺灣省民合營者有三二三座，省民自營者有五〇六座。參見臺灣鑛業史編纂委員會，《臺灣鑛業史》上冊，頁二三六。

2 一開始設定換照期限為一個月，截止日期為一九四六年八月三日，但因為當時兵荒馬亂，臺人不諳中文律令，行政程序繁瑣，再加上部分礦區位置偏遠，鞭長莫及，最後延至一九四七年四月二十六日。參見臺灣鑛業史編纂委員會，《臺灣鑛業史》上冊，頁二四〇至二四六。

3 臺灣鑛業史編纂委員會，《臺灣鑛業史》上冊，頁三三六。

4 臺灣鑛業史編纂委員會，《臺灣鑛業史》上冊，頁九七、二三六至二三七。

5 臺灣鑛業史編纂委員會，《臺灣鑛業史》上冊，頁二三七至二三八。山本鑛業資產總價為八九四萬元，僅次於南海興業株式會社的二千四百萬、基隆炭礦株式會社的一千五百萬。

6 李修瑋，《土城煤業興衰史》，頁一一五。

7 行政院資源管理委員會評估之後，認為除去電力、石油、銅金冶鍊、煉鋁、造船、機械、食鹽、肥料、水泥、造紙、製糖等大產業以外的日方資產，規模較小的其他產業，不再由資源管理委員會接辦。

8 臺灣鑛業史編纂委員會，《臺灣鑛業史》上冊，頁二五〇。

9 臺灣鑛業史編纂委員會，《臺灣鑛業史》上冊，頁二五五。

10 錢卓儒（一九〇九—一九八六）出身江蘇宜興名門望族，留學比利時，來臺任臺北工專礦冶科主任，曾任社團法人中國礦冶工程學會理事。

11 〈中國鑛冶工程學會會史之三（二〇〇七年增修版）〉，見社團法人中國礦冶工程學會，https://cimme.org.tw/zh-tw/about/history/8-history03.html。

12 日本政府曾就日人殘置財產問題與中華民國政府交涉三次未果。見布施優子，〈日治時期山本炭鑛之研究〉，頁一〇三至一〇七。

13 布施優子，〈日治時期山本炭鑛之研究〉，頁七八至七九。

14 〈湯德章〉，二二八事年紀念基金會，https://www.228.org.tw/228_elites-view.php?ID=4。

5 收養

阿公回到煙園老家務農、製餅，陸續做了一些雜工，收入不穩定，生活雖然清苦，但暫時安定下來。沒多久，阿嬤順利生產，第一個小孩是男嬰，沒有育兒經驗的她在初嘗人母喜悅之後，隨即經歷喪子之痛。對於第一個兒子夭折，她一直耿耿於懷：「二十歲，袂曉𤆬囡仔（tshuā gín-á），囡仔一直黃黃，𤆬遮弄嘛袂使，𤆬遐弄嘛袂使，拄好去三峽再興（中醫）遐，開一帖漢藥欲予伊食，彼時嘛袂曉，煎一湯匙，囡仔四個多月，予伊食毋食，就佮伊灌落去，毋知是噎死猶是？就促促的就死矣。我灌死的，去噎到，一定是的。」（二十歲，不會帶小孩，小孩一直黃黃的，怎麼弄都不行，正好去三峽再興中醫那邊，開一帖中藥要給他吃，那時也不知如何處理，熬一湯匙，小孩四個多月，要給他吃不肯吃，就灌下去，不知是不是噎死？發出急促的呼吸聲就死了。我灌死的，噎到，一定是的。）阿嬤一直到現在還是十分自責，覺得是自己害死了第一個兒子。在醫療知識與資源不足下，戰後初期有不少早夭的嬰兒，喪子似乎成為前一世紀臺灣母親共同經歷的集體痛楚。

失去嬰孩後，阿嬤依習俗得去領養一個小孩來「交替」(kau-thuè，意外身亡者需補替身才能投胎轉世)，[1]保佑之後的生產順利平安。阿嬤的嬸嬸介紹三峽橫溪的孩子，她去探看時嬰孩正好在睡覺，據說領養時看到睡覺的嬰孩不好。後來阿嬤的姑姑又介紹她一個三峽白雞(地名)的女嬰，就是我的母親。阿嬤去探看時，生母李劉淑正巧上山採茶去了，由兒子(我的舅舅)照顧小孩，阿嬤對我媽的第一印象是：「三、四個月，會跳，黑黑的，真歡喜！」雖然媽媽不是白白嫩嫩的嬰兒，但看起來會是一個健康活潑的孩子。

決定收養我母親之後，阿嬤依約帶著餅去領嬰孩回家。就在雙方談妥之際，阿嬤突如其來地被媽媽的生母捏了一下乳房，說要先確認有奶水才行，知道阿嬤有乳汁可以哺育嬰孩，才同意她把小孩帶走。阿嬤揹著媽媽走到門口時，冷不防地又被潑了一盆水，她說：「愛紮雨傘，偝囡仔愛紮雨傘，無紮雨傘就規身軀攏澹去！」(要帶傘，揹小孩要帶傘，沒帶傘全身都溼了！)原來「嫁出去的女兒是潑出去的水」指的不僅是出嫁的女兒，也包括被收養的女嬰，父母希望女兒自此切斷與娘家的連結，不再掛念自己的原生家庭。

透過父權社會建構的傳統習俗，我似乎開始瞭解父親為何不喜歡母親回娘家，為什麼刻意讓我們和外婆關係疏遠，這是父權社會自我保護的機制，切斷女性與原生家庭的連結，讓女人可以死心塌地、全心全意地為新家庭奉獻。

在過去童養媳盛行的風氣下，母親的四個姊妹分別被送給不同家庭撫養，媽媽就這樣從李乞食的三女變成了張祿的長女。阿公與阿嬤都把她當作自己親生小孩看待，取單名為叹。從小聽到媽媽不斷悲嘆自己的身世，被自己的親生父母狠心拋棄，若不是阿嬤收養，早就活不下去。但是阿嬤的記憶卻不一樣：「俏轉來毋知幾工，伊的阿爸就來矣，我攏是揹佇身軀，無放塗跤予伊爬，毋知過了偌久，伊阿母嘛來看一擺，嘛是揹佇身軀，按呢（個）就放心矣，了後就無閣來偷看矣。」（揹回來不知道幾天，她爸爸就來了，我都是揹在身上，沒放地上讓她爬；不知過了多久，她媽媽也來看一次，也是揹在身上，這樣他們就放心了，之後就沒再來偷看了。）當我轉述阿嬤說的這段往事給母親聽，告訴她親生的阿公與阿嬤都曾回來探望過她，而且確認阿嬤收養之後很疼小孩，連工作時都揹在身上，才放心把女兒交出去，並不是像她想的狠心父母丟掉女兒，糾結在她心中數十年的怨念才逐漸釋懷。

母親果然為阿嬤招來小弟，四年後大舅壽仔順利出生。阿公轉到桃園龜山的兔子坑煤礦做風坑尾（hong-khenn-uê，指的是通風坑口裡面），[2]負責修補損壞的支柱。阿公帶著一家人到工寮居住，工寮有兩個房間，阿嬤一家人住一間，另一間由樹林山佳來的小頭（包工頭）居住。有一天小頭帶來一個「夥計」（hué-kì，姘頭），要求阿嬤移房讓住，那時阿嬤懷有身孕，在工寮動了胎氣，造成小產。她說：「彼擺險仔死去，一直昏去……囡仔頷頸斷去，頭先出來，無腳、無手，猶未有形，腹肚一直痛，拚血（piànn-hueh）。」（那次差點死掉，一直昏過去……小孩脖子斷掉，頭先出來，沒有腳、沒有手，還沒成形，肚子一直痛、大量出血。）在大舅出生之後，阿嬤再次失去了她的孩子。

臺灣的煤礦礦場大多位置偏遠，加上礦災頻繁，一直被視為陰地，孤魂野鬼傳說特別多。阿嬤住在工寮，無法好好就醫，整天昏昏沉沉。她一直跟阿公描述看到的景象：「火真大，一直欲燒過來！」礦場附近的土地公廟出現不明的磷火，阿嬤認定是冤鬼出沒，十分害怕。

阿公與阿嬤兩人決定回海山店仔去問公媽（kong-má，祖先），祖先指示說那邊不宜久居，要他們盡快搬回媽祖田來。回到老家，流產後的阿嬤身體仍很虛弱，無法工作，後來村內的婦女介紹她去臺北拿藥，吃了七十帖中藥，才終於將身體調養回來。在醫藥不發達的年代，不僅嬰孩出生夭折率高，礦場中也有不少難產而死的婦女，礦場母親每生產一次就是搏命一次，阿嬤很幸運地撿回一條命。

1　阿嬤說抓交替是之前文獻未提到的原因，依據福建過去的地方習俗，父母在孩子夭折後要收養別人家的小孩，讓下一胎可以順利出產，稱為「哲花」（the-hue）。過去臺灣學者曾指出收養媳婦仔不僅是為兒子娶妻，減輕日後嫁奩的花費，也有基於「招小弟」的原因，見曾秋美，《臺灣媳婦仔的生活世界》（臺北市：玉山社，一九九八），頁二五八。

2　位於今桃園縣龜山鄉兔子坑，由賴森林開闢於一九三七年（昭和十二年），一九五五年八月由簡萬鎰承購經營，開採至一九八三年收坑。臺灣鑛業史編纂委員會，《臺灣鑛業史》上冊，頁七九一。

第三篇

海山煤礦

不知道為什麼山本炭鑛會變成海山煤礦？阿嬤覺得日本人的礦場是被海山「占去」，之後李家賺錢做了大官，國民黨政府來臺，對她而言也是另一個外來的統治者。媽媽倒是對於瑞芳李家的歷史如數家珍，不但知道李家五兄弟的名字：建興、建和、建炎、建成、建川，還知道他們曾被日本人誣以謀通祖國罪名，建川被日本人打成聾子。媽媽在海山事務所當小妹時，李建和曾來媽祖坑巡視，對這位大老闆印象深刻，媽媽覺得他是一個關心員工的老闆，但卻不知道李家礦場日後成了臺灣一連串重大礦災之始。

6 著礦

二戰之後，李家因抗日事件而獲得國民黨政府的信任，再加上礦場經營的技術與經驗，李建興先於一九四九年取得臺灣工礦公司瑞三猴硐礦場「價讓」。[1]一九五三年一月二十六日，國民黨政府公布《公營事業移轉民營條例》，臺灣工礦股份有限公司依《臺灣農林股份有限公司、臺灣工礦股份有限公司公營事業移轉民營實施分售辦法》，標售「海三煤礦」，以新臺幣七六〇萬八五三八．〇四元，[2]由瑞芳李家「瑞山煤礦股份有限公司」承購，由於「海三」名稱與李建興的「瑞三煤礦」相近，於一九五六年正式改稱「海山煤礦」，由李建和擔任董事長。一九五三年六月，李家進一步取得瑞和煤礦價讓，一九五七年再取得建基煤礦價讓。[3]在連續購入海山、瑞和、建基等日本遺留的大礦之後，李家已經成為基隆顏家之外的礦業新霸主，過去臺灣礦業流行一句話：「愛生意（ài sing-lí），揣顏李」（要生意，找顏李），當時顏李兩家的影響力逐漸跨出礦業，涉及客運、保險、媒體、教育及房地產，但是相較於日治時期崛起的顏家，李家是在國民黨政權接管日產之後才逐漸壯大起來。

回到媽祖田安養一陣子之後，阿嬤逐漸恢復健康。一九五五年，她的第一個女兒燕仔出生了。阿公在海山礦場找到工作，由於家中人丁增多，他向新莊慈祐宮承租一塊地，下工之後種些青菜、番薯、花生、芋頭，補貼家用。當時礦工的薪水是一般工人的兩倍有餘，再加上務農收入，家庭經濟總算穩定下來。

臺灣的煤層薄、變化大，單位面積儲量低，開採困難。三峽到大溪煤層有三層可以開採，厚度在數公分到四十三公分之間。各煤層間的厚度與可採性變化極大，必須不斷下挖尋礦，能不能找到礦源多少仍靠運氣。海山礦場歷經數十年的開採，深入地層，地下溫度不斷升高，可達四十度以上，[4]隨著第一斜坑愈挖愈深，已達地底三百餘公尺，必須建立新的通風系統來降溫，維持空氣流通；一九五六年六月三日，海山公司決定在媽祖田開闢新的通風口，貫通第一斜坑，[5]沒想到就此「著炭」(tio̍h-thuànn，挖到煤炭)，成為新礦區。

媽祖坑道為斜坑，阿公是第一批推進者，鑿岩前進二百一十一公尺處，拓有斜坑長

瑞芳李氏礦業家族

李建興祖籍泉州安溪，生於一八九一年（光緒十七年），來臺居於石碇堡滴水庄，後遷至平溪新寮。一九一六年（大正五年），他受僱於猴硐福興炭礦任書記，當時的礦場都在偏遠山區，日本人直接經營不易，一開始多借助臺灣本地人協助管理。

李建興
（1891-1981）

一九一九年（大正八年）福興炭礦併入三井基隆炭礦之後，李建興轉任猴硐礦區的採煤小頭。為了因應景氣變化，礦場經營採取包採方式，煤價不佳時就直接停採。隔年，他因歸還巨額溢付工資而獲小林所長信任，得以參與一單位的採礦承包，成立瑞三鑛業公司，並於一九三四年（昭和九年）收購瑞芳猴硐礦區的礦權，躋身日治時期臺灣本地的煤礦實業家。

李建興曾被推為平溪庄協議員，一九三〇年（昭和五年）移居瑞芳，兼多項地方公職。他因拒習日語、拒改日姓名，被日本政府誣以謀通祖國罪名，在酷刑脅迫下，弟李建炎與屬下二十人皆死於獄中，弟李建川在刑求下失聰，父李伯夷聞耗憂急猝死，與李建興有往來者皆繫獄中，史稱瑞芳事件。一九四五年八月二十五日李建興才獲釋出獄。

據白先勇的回憶，李建興在一九四三年即隨「臺灣致敬團」到南京，見過白崇禧。他於一九四五年加入中國國民黨，一九四七年二二八事件後，國防部長白崇禧抵臺，曾與李建興及其母親會晤，他們為民請命。之後李建興在國民黨內擔任要職，包含臺灣省政府顧問、中央銀行理事和瑞芳鎮長。他亦懂詩文，曾任《瀛社》社長，並贊助《現代文學》十萬元，解除其倒社危機。

李建興有弟建炎、建源、建成、建川、建和。李建源早夭，李建興擔任瑞三、三和鑛業的董事長，李建和擔任建基、海山董事長，並創立瑞和礦業，經營合成、文山、窗嶺等煤礦。在李家集團事業高峰期，旗下礦場總年產量占當時全省總產量的六分之一。李建和後來當選六屆的省議員，並擔任各種礦業組織的領導人，在臺灣礦業有舉足輕重的地位。

資料來源：
唐羽，《臺灣鑛業會志》卷十傳二十，頁七九〇至七九二、七七九。
《瑞芳志人物篇》（瑞芳區公所，二〇二〇），頁一二至一四。
《瑞三礦業股份有限公司創立五十週年特刊》（瑞三礦業股份有限公司，一九八四），頁七。
白先勇，《父親與民國》（臺北市：時報出版，二〇一二）。

三百九十五公尺，分開片道，採取本層煤，一九五八年八月完工。隨著煤層不斷開挖，媽祖田成為百人礦村，設「建安礦業所媽祖坑辦事處」，有捨石場、軌道、選洗煤場、柴埕、坑口倉庫、機電設施及宿舍。

日治時期，因為礦場偏遠，日本礦主管理不易，所以採取包工制，由小頭包下一個片道（煤巷），帶領一組做石（tsò-tsio̍h）、做炭（tsò-thuànn）、改修、搬運等工人進行，在小頭上面設有監督，負責核算產量、計算工資、檢查、保安等行政事務。戰後，臺灣礦場的經營模式大抵延續日治，以外包方式經營。阿公在海山負責礦坑掘進工程，一般稱為「做石」，先鑿岩壁成孔，填裝炸藥、結線、爆破，將岩石炸開或炸鬆之後，再交「改修」負責安裝支架，維護坑內的設備安全，碴石由人工裝運出坑。做石與改修是以尺計算薪資，大約半個月測量一次。挖取煤層中煤炭稱為「做炭」，以臺車數量計薪，初期是用十字鎬人工採掘，由於煤質堅硬，海山公司一九六八年自日本引入割煤機，建安坑是臺灣首批引用機械採煤的礦坑之一。

礦工下坑前需自備一大壺水、毛巾與便當，入坑之前依規定要到坑口向各斜坑監督人員報到領名牌，然後再到更衣間換衣服，穿上工作服，戴上安全帽、安全燈，拿取工作袋上的十字鎬、割煤機鑽頭，再到電池室憑名牌換取充電完成的溼式電池，接上電源之後繫於腰帶後側。後來為了預防礦災，又增加防塵口罩和一氧化碳自救呼吸器設備。

入坑之前的最後一關是到檢身室，由檢身員搜身，看是否私帶香菸、火柴、打火機、酒等違禁品，除了禁止攜帶易燃物，也防止礦工酒後失序。礦工將名牌掛在電池室之後，聚集於坑口等待柴油電車（機關車），依各斜坑車數別，同組工作人員四人一車蹲坐車內。入坑安全的廣播聲響起，提醒礦工安全注意事項，清點人數之後，由柴油電車牽引進入坑內。

海山建安坑最深的九片道可達地下五百餘公尺，長度超過兩公里。同組的礦工在片道口一起下車，將空車推過煤巷，到各自採煤處開始挖礦。坑內潮溼炎熱，沿途經常有水滴落，有時還未到達工作煤巷，身體就已淋溼。阿嬤形容以前做炭的工作：「用黜仔(thuh-á)挖的啦！有的薄的，有的厚的，厚的較好削，(薄的)下跤人愛躺落去挖。做塗炭真辛苦，人攏黑的，出來攏無看著人，干焦(kan-na)目睭是金(kim)的。」(用鏟子挖的啦！有的薄，有的厚，厚的比較好削，薄的下面的人要躺下去挖。挖礦真辛苦，人都是黑的，出坑後都看不到人，只有眼睛是亮的。）我想起攝影師朱健炫所攝《礦工謳歌》封面那一張帶著工程帽、披著外套回眸的海山礦工眼神，灰頭土臉難掩帥氣的微笑，原來這才是礦工本色。

礦工穿著的短褲因汗水溼透，沾上煤灰之後，褲身與大腿磨擦會造成腫痛，所以很多男礦工入坑之後索性將褲子脫下，光著屁股工作，下工出坑前再穿上褲子，坑內黑暗窄小不怕裸身工作，平常澡堂本都裸裎相見，大家也就習以為常。周朝南先生在瑞三煤礦拍了不少坑內男礦工的裸身照片，放在猴硐礦工文

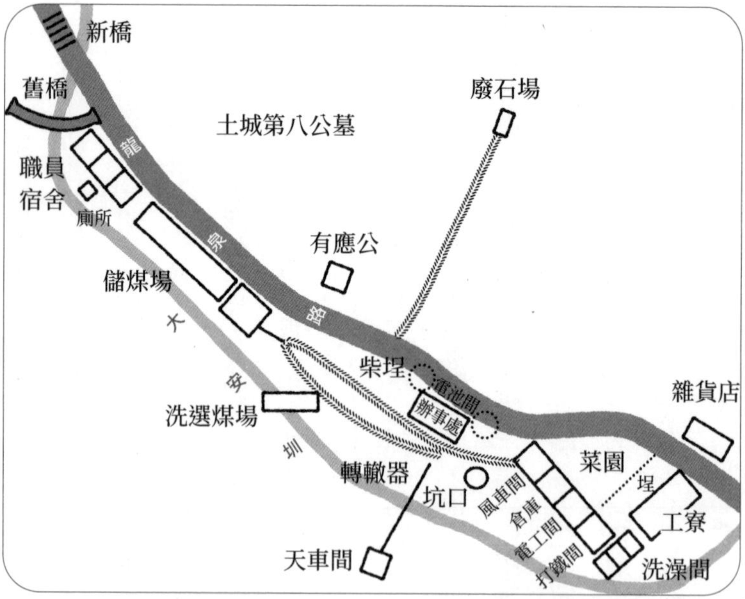

媽祖坑平面示意圖（作者標示）

史館展出，原本充滿肌肉線條的帥氣男礦工，重點部位卻用麥克筆塗黑，看了令人莞爾。

出坑之後的礦工帶著一身煤屑，先到檢身室由檢查員確認有無攜帶炸藥、菸酒等管制物品之後，由「牌仔尾」[6]（pâi-á-bué）核對搭臺車人數，拿回入坑牌交還斜坑監督，再至電池間交還電池，即可到更衣室拿回衣物。海山礦工的生財工具屬個人所有，由個人自行維護，掘進工在出坑之後，得先去工具維修室整理「鴨頭」（氣動鑽頭）或「掘仔」（十字鎬），以碳火燒烤加熱，再加以鑄打，維持尖銳鋒利。完成維修工作之後，才能到澡堂洗掉一身的汙濁，還原真面目。

媽祖坑的坑口有兩棵大榕樹，許多礦工在入坑之前會在樹下點一根菸，坑內嚴禁煙火，進去之後不知道有沒有機會再吸到下一根菸……一道冷空氣從地底吹出來，順著軌道繼續前進，藉頭燈的微光，礦工隱隱感到穿越凹凸不平的坑壁，進入深不見底、黑暗潮溼的坑道世界，此行會是通往阿鼻地獄之門、有去無回的單程之行？還是安然回到塵世的苦勞之旅？未知的懸念就託付坑口的福德正神，每座礦坑都有一座土地公廟守護，有些礦工入坑前必燃香膜拜，祈求能夠平安回家，礦場也會在初一、十五定期祭拜，但是再怎麼誠心膜拜，都無法阻止礦場災難不斷發生。

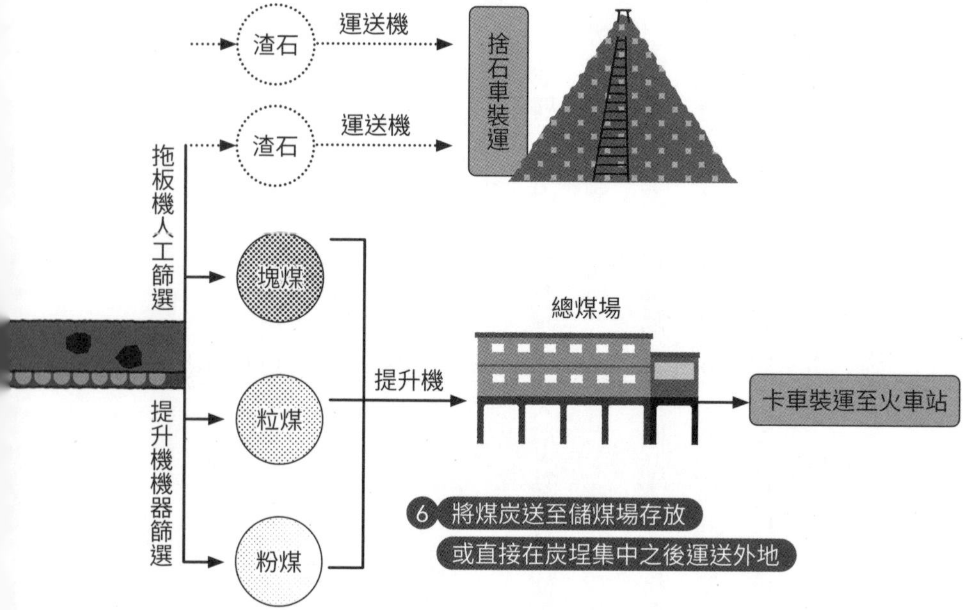

資料來源：

- 原始出處為海山煤礦有限公司，《海山煤礦有限公司概要》（海山煤礦有限公司，一九六八），頁三八，轉引自鐘宜君，〈礦業遺產之消失——以海山煤礦為例〉，頁八六。

臺灣礦業開採流程

臺煤早年均以人力使用十字鎬挖掘，後因坑道日深而挖掘不易，又受工業化發展影響，就業機會增多，礦工來源不足，工資上漲，影響產量穩定性，使成本激增，迫使業者考慮機械化採煤。

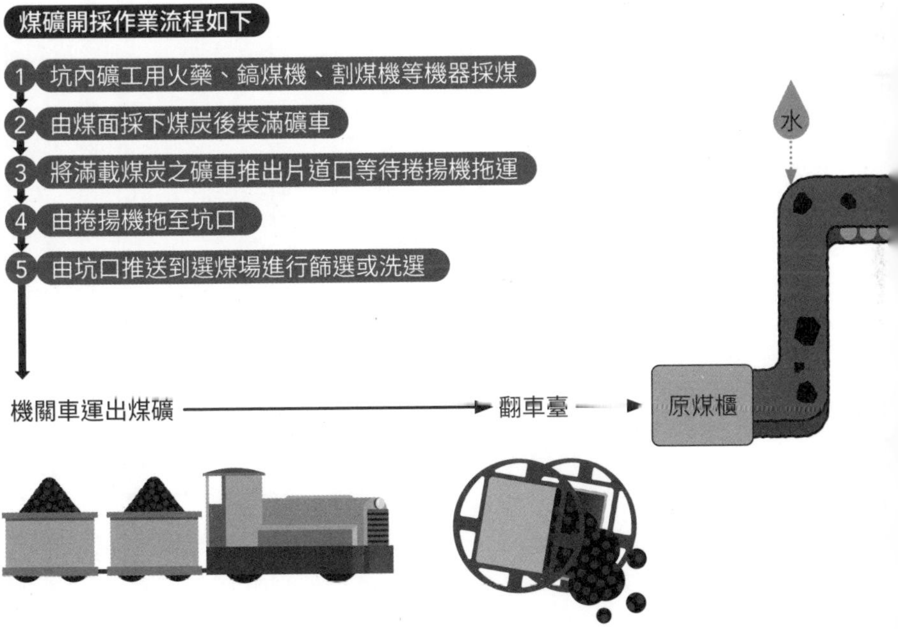
煤礦開採作業流程如下
1 坑內礦工用火藥、鎬煤機、割煤機等機器採煤
2 由煤面採下煤炭後裝滿礦車
3 將滿載煤炭之礦車推出片道口等待捲揚機拖運
4 由捲揚機拖至坑口
5 由坑口推送到選煤場進行篩選或洗選
機關車運出煤礦
翻車臺
原煤櫃
水

1 國民黨政府在一九五三年才公布《公營事業移轉民營條例》，依該法第六條，公營事業移轉民營時必須以出售股份或標售資產方式為之，不必公開標售，得報請行政院核准，公開徵求對象，以協議方式為之，並將協議內容送立法院備查。且依該法第七條，移轉民營時，應由事業主管機關會同有關機關組織評價委員會，評定其價格。但是，李建興卻於一九四九年即直接取得臺灣工礦公司瑞三猴硐礦場價讓礦權，之後的瑞和、建基也是直接以價讓方式取得礦權，未經過標售程序。

2 臺灣省政府，《臺灣省政府公報》，一九五五年春字第四期，頁四一八。

3 臺灣鑛業史編纂委員會，《臺灣鑛業史》上冊，頁一九六六至一九六九。

4 三峽土城地區的地底深度以海山一坑為最，最深掘面已達地底八二四公尺，岩盤原溫度更高達四十六度，參見賴克富等，《臺灣的煤礦》，頁一〇三。

5 李修瑋，《土城煤業興衰史》，頁一一八。

6 原指坑口軌道支線的盡頭，此指位於坑口的行政職員。

7 災變

對於影響阿嬤一生的那場災變，我所知甚少，未曾聽阿嬤提起悲傷的過往；媽媽經常告訴我們童年的開心趣事，但幾乎沒有提到阿公過世的細節，只說過阿公走的時候她還是一個四年級的小學生。事隔六十餘年，我才知道那次事故在她們心中烙下的傷痕。沒有說並不代表已經遺忘。

戶政事務所上記載阿公張祿的死亡原因為：「海三煤礦瓦斯爆炸燒死。」阿公得年三十七歲，新寡的阿嬤三十二歲。我問阿嬤：「代誌（tāi-tsì）到底是按怎發生的？」（事情到底是怎麼發生的？）事發當時阿嬤並不在場，印象中是：「坑口全坱埃（ing-ia），人一時仔就去矣！」（坑口都是灰濛濛的，人一下子就死了！）事發前一天，阿公跟他的叔叔討論最近風坑尾很熱，似乎不太正常。當天一早阿公本來想休息，但阿嬤已經做好便當，想想還是出門上工了。為什麼沒有阻止阿公出門，阿嬤對這件事也一直耿耿於懷。

幾次礦災發生的場景都很類似，阿公出事那天對阿嬤來說更加刻骨銘心：「中晝才落去，無一點鐘就去矣，咧張（tiunn）柱仔，無一點鐘就出磺（tshut-hông）矣，皮攏遛（liù）矣，出磺就是有火啊！火一把轟出來！」（中午才下礦坑，還沒一小時就死了，在裝置柱子，沒一小時就出火了，皮都脫了，出磺就是有火！一把火轟出來！）說完之後，低頭又喃喃了一句：「看到火來嘛毋知欲走！」（看到火來也不知道要跑！）我想阿公不是不知道要跑，是根本躲不掉。如果礦工預先知道會挖到瓦斯毒氣，哪會不避開？她總結一句：「歹命查某拄著短命尪！」（苦命女人遇上短命丈夫！）不知是在憐惜逝去的丈夫，還是感嘆自己的命運？

阿公的驟逝對於媽媽而言，是一段難以抹滅的傷痛記憶。她清楚記得事件發生當下正在頂埔國小上課……。

頂埔國小內，教室四周隨處貼著「小心匪諜就在你身邊」、「保密防諜　人人有責」。老師秦運梅正在上課，轉身在黑板上寫生字，班上同學開始亂成一團，有的在座位上互推，有的跑到其他同學座位打人。外面突然轟然一聲，教室一陣晃動，課堂上陷入恐慌，懷疑是共匪軍機來襲，老師不斷安撫同學，要大家冷靜，不要害怕。過了一會，未再出現炮彈聲。下課後同學仍議論紛紛，以為有共匪來襲，不知在哪裡爆炸？整個下午同學上課提心吊膽，都很緊張。

下課鐘響，大家總算鬆了一口氣，媽媽與同學一邊走一邊嘻笑說：「無想到真正有阿共會來哦！」走著走著碰到大頭伯，他說：「呅仔妳閣佇遮，妳爸出代誌矣！」（阿呅妳還在這，妳爸出事了！）媽媽聽完心頭一驚，拔腿跑到媽祖坑口，現場一片混亂，大家來來去去，開啟抽風設備，準備入坑救人。保安管理員與保安監督員要媽媽不要留在現場觀望，先回家去等候消息。五月初夏的晚霞特別絢麗，一片火紅，當天色逐漸轉暗，人群也慢慢散去。

經過一天的抽風、清理落磐，進入坑口架牛牢（架支撐木）第五節，看到阿公的助手倒臥地上，已經身亡，阿公還陷在其間，救難人員從斜坑下去，經平水仔（水平坑道），往前推進到再卸、叉卸，終於在二至三片道間發現阿公屍體，蹲躲於支撐木旁，已被炸到半身焦黑，抬出的屍體是蹲姿，顯然預知有危險而躲在一旁，但未能逃過一劫。

阿嬤與媽媽徹夜未眠，一早阿嬤還在準備早餐，媽媽已哭著跑到坑口，遠遠看到她的阿爸半身焦黑被裝入一只布袋內，大體就放在坑口空地上。趁著大人不注意，她跑過去拉開布袋，看到阿公焦黑難辨的屍身，還有股焦味，一時之間晴天霹靂，腦中一片空白。

當時擔任礦坑小頭（包工頭）的鄧進發代阿公清洗屍身。法醫來驗屍，開立死亡證明之後，在礦場空地搭棚辦後事。大家議論紛紛，討論這次意外發生的過程，有人說：「才剛著炭，就發生意外！」有人說：「彈遮呢遠，煙攏衝到坑口矣！」大家看著阿嬤一家人哭紅了眼，安慰幾聲。

阿公發生礦災的場景已經是六十多年前的事了，媽媽在回憶這段往事時依然說到泣不成聲，像是撕開她塵封一甲子的傷口，災變現場歷歷在目，說完之後竟連續幾夜都無法入眠。妹妹指責我，為什麼要讓媽媽回憶起這段傷心的往事？我不知道她的傷痛竟然如此之深，但總覺得她說出來、哭出來，也許會好一些。

當時的新聞並未報導這則礦災，阿公與助手之死這類小型礦災是臺灣礦場的日常，連同其他無名的礦工只列入當年度一百二十位礦工死亡人數統計。我依阿嬤與媽的記憶，拼湊出當時缺漏的礦災現場報導：一九五八年六月二十五日，土城媽祖坑兩位礦工挖到五百多公尺處，瓦斯爆炸，一把煙火從坑內噴出坑外，搶救不及，兩名礦工當場死亡。

臺灣煤礦掘進與採礦過程高度仰賴人力，常因爆破、出水、落磐，或因冷磺（甲烷）、二氧化碳溢出而引發礦災。臺灣礦災死亡率高冠全球，尤其在臺灣工礦股份有限公司取得礦權之後，違法轉讓礦權數量達八十餘處，[1]國家礦權成為省政府的金雞母，但由於轉讓開採的租金過高，小礦場資本不足、設備缺乏，戰後臺灣煤礦工人勞動條件每況愈下，礦場工安事件頻傳。

一九五六至一九七一年間，是海山事務所副所長賴克富所稱「增產報國優先於保安的年代」，每年死亡人數皆破百，每一千個礦工就有二人以上死於非命，每生產百萬噸的煤要付出三十四條人命，[2]礦工成了活生生的消耗性生產要素。冰冷數字背後代表的是數千個破碎的家庭。由於臺灣礦場出事頻率太高，大型礦災過後，失去礦工丈夫的村落成了寡婦村，小型礦場因負擔不起罹難礦工賠償而停業，礦場收起來之後，留下的是無人聞問的工殤家庭。

有鑑於礦坑內的冤魂野鬼特別多，海山事務所每年中元節都會舉行普渡，阿公過世那年，特別請來傀儡戲團，以驅邪鎮煞，阻擋妖氣，防止鬼祟入侵。演師手持點燃的四色金[3]在戲棚四周揮揚，以淨水符焚化於碗中，再以柳枝沾水分灑四處；戲棚內外放置生、熟牲醴各一副，生的在外用以祀鬼，熟的在內用以祭神。淨臺之後恭請諸神坐鎮除煞。在王爺前請出神敕符，演師抓起白公雞與白公鴨，咬破雞冠取血敕符，以增強法力。公雞司晨用以破陰陽，白色雄性屬陽，用以鎮陰煞；白鴨用以壓制惡煞。敕符之後再將符咒貼於戲棚五方，並於戲棚兩側擺設刀槍，上方安置弓箭，藉以對付惡煞。演師腳踏七星步，持刀念咒後將刀插於戲棚上，象徵萬煞不入；向四周拋撒鹽米，表示發兵鎮壓凶煞；然後手持捲起之草蓆向地面摔打，意謂驚嚇惡鬼，驅逐邪魔。戲棚上演鍾馗伏魔，警告凶神惡煞不得在此駐留，否則將打入地獄，永世不得超生。

過去每逢災變，海山就會請傀儡戲團來演戲，大家都知道是為了呼引冤魂、追悼亡靈。那是媽媽生平第一次看到傀儡戲，感到十分新鮮，礦村內許多大人、小孩都跑去圍觀，但是懷孕的阿嬤卻不能觀看，以免驚嚇動了胎氣。媽媽以為演這齣戲是為了弔念亡父，卻不知真正目的是要鎮壓阿公及其助手的鬼魂，確保礦場的安寧。媽媽印象中後來又陸續看到幾次傀儡戲，有幾回戲就代表有幾次礦災悲劇上演。

1 為取締非法租賃礦區，一九四九年省政府頒定《處理租賃礦場辦法》，規定現包採人得申請加名為共同礦業權人。見臺灣鑛業史編纂委員會，《臺灣鑛業史》下冊，頁一七九三。

2 〈民國三十五年以來臺灣地區煤礦場災變率統計表〉，經濟部礦務局，https://www.mine.gov.tw/Download/Service/S000111.pdf。

3 四色金指的是四種金紙，金紙是臺灣傳統祭祀鬼神、祖先時火化的祭祀品之一，包含太極金、壽金、刈金、福金，分別祭祀不同的神明。

第四篇

礦場中的女人

為瞭解阿嬤以前在坑內工作的樣子，我找到日本畫家山本作兵衛的作品，對照她過去坑內工作的經驗。我問阿嬤：「以前坑內的工課是像按呢嗎？」（以前在坑內的工作是像這樣嗎？）

她看到畫的反應是：「哪會攏無穿衫褲？」（怎麼都沒穿衣服？）我差點笑岔了氣，想來臺灣與日本民風有所不同，女礦工還不至於光裸上身工作。說著說著，阿嬤盯著一張圖，沉思了許久，道出她的疑惑：「按呢手會去撞著！」（這樣手會撞到！）畫中女礦工的手是握在臺車之外，確實很容易撞到狹窄的山壁，她又指出臺車載煤炭時不能裝得太滿，這樣很容易邊推邊掉。我不知道這是因為畫家的坑道記憶有誤，還是臺、日的礦坑寬度、運輸方式不同。不過，畫中確實呈現以前礦工在煤巷內的工作樣貌，因為是斜坑，人推車時無法直立而行，不時得要避開兩側彎曲的山壁與突出的石塊，想著人在高溫潮溼陰暗的臺車道上推車，整天彎著腰工作是多麼不容易啊！難怪阿嬤年輕時就有點駝背，原來是坑內工作讓人根本直不起腰來。

山本作兵衛畫作（© Yamamoto Family，田川市石炭・歷史博物館提供）

8 女礦工

多數人認為採礦是男性的工作，我對於臺灣民間社會認為女性不能入礦坑的說法百思不解。按阿嬤的說法，日治時期坑內已有不少女礦工，基於對女性健康的保護，不是應該禁止她們從事高危險工作嗎？為什麼日本政府容許女性在坑內從事男性的粗活？原來日本雖然是國際聯盟[1]的主要國家之一，卻是當時世界上少數僱用女性進入礦坑工作的國家，即便一九一一年（明治四十四年）《工場法》實施，內務省禁止女性進入礦坑工作，但仍未嚴格執行，拖到一九二四年（大正十三年），日本政府才正式禁止內地女性進入礦坑工作，[2]日本自明治維新以來，一直自詡為現代化國家，唯獨在性別平等議題進展緩慢。

不過，殖民地臺灣的女性勞工顯然不適用日本內地的勞動法保護。進入礦場工作的女性被稱為「女坑夫」，一九二四年（大正十三年）《臺灣日日新報》曾有一則報導內容登載：

金包里礦業株式會社崁腳炭礦之一部請負人李旺根氏。所用採炭夫中。有一奧族坑夫某者。乃妻亦能從事採炭。每日二人相率入坑。一處作業。夫掘妻拖。甚然勤勉。會社見之。甚然感心。乃特給賞金。且高貼揭示。言凡有婦入坑從事採炭。一個月能二十天繼續者。於相當貸金外。本社另交支賞金三元。以奬其勤。於是一般坑夫見之。甚然垂涎。多欲回帶其妻前來見習。是亦空前未有之事也。[3]

日本殖民政府對於臺灣的女礦工採取睜一隻眼、閉一隻眼的態度，甚至公開鼓勵臺灣女性入坑工作，報效殖民祖國，所以才會出現這則奬勵新聞，稱讚李旺根夫妻「夫掘妻拖，甚然勤勉」，希望在奬金制度鼓勵下各坑夫效法帶妻入坑。

女性礦工在一九四一年（昭和十六年）人數增加到六一七〇人，已占礦工總人數百分之十一。[4]阿嬤說當時不一定是夫妻檔一起在坑內工作，女性也可以獨立做坑內的各項工作，隨著坑內女性人數增加，《臺灣日日新報》也曾傳出女坑夫受傷或死亡的紀錄。[5]

不過，山本炭鑛似乎只有在一九三〇年（昭和五年）傳出發生小型礦災，死亡三、四人，但未詳細說明人員傷亡狀況。[6]

日治時期雖然鼓勵女性入坑工作，但是她們的薪資卻遠低於男性，大約只有六成薪左右。[7]一般人覺得礦工辛苦危險，所以薪資高，阿嬤卻一直說在礦坑工作薪水很低，比較之後，我發現山本炭鑛的薪資真的低於其他早期開發的基隆礦場水準。

戰後初期，女性礦工的工作模式承襲日治模式。雖然國民政府一九五〇年施行的《礦場法》已經明訂女性不得從事坑內工作，[8]但是女性依然下坑，甚至在懷孕期間也未停止。一直到一九六四年才明令禁止女性入坑工作，[9]規定女性在礦場只能做坑外事，像是坑外推車、篩仔腳（t'iaaˋ-k'a，選煤）、倒路尾（táu-lóh-ué，倒石渣），自此之後，礦場的男、女分工日益明確，形成「男主內、女主外」的勞動方式，女性只能從事低薪、長工時的坑外工作。

坑外女工多數集中於洗煤場工作。坑內混合的煤炭與碴石送出坑後，會先到選煤場進行篩選或洗選，洗選煤由女性負責，這個工作雖由女性操作，但是一點也不輕鬆，需要多人協力才能完成。臺車經翻猴（being-gau，翻車斗）三百六十度翻轉倒下煤炭，會揚起大量粉塵，清空之後再推空車出來。經選煤場工人篩選之後，煤炭送至儲煤場存放，而石頭與雜質則運往土堆尾（thôo-tui-bué，捨石山），媽祖坑的捨石山就在第八公墓旁。推運石碴上捨石山的工作通常也是由女性承擔，力氣不夠的婦女經常推抬擠壓到肩、手瘀青，甚至滲血。過去沒有環保意識，有些坑內的石碴也會直接傾倒於溪谷邊坡，形成平坦的新生地，稱為「倒路尾」（傾倒石碴），海山建安坑的石碴就墊高了邊坡，而非形成捨石山，使得礦場周邊的地質十分不穩定，隨時有可能出現土石流災難。

戰後臺灣政權移轉，雖然《礦場法》明文禁止女性下坑工作，但一直到一九七二年的臺灣官方統計，坑內的女性雜工仍有九百四十八人。[10]甚至到一九七四年《勞工安全衛生法》頒布，[11]再次規定女性不得下坑工作，阿嬷說只有海山本坑禁止，媽祖坑依然有女性入坑工作，顯見民間社會並無女性下坑的禁忌，坑內仍有不少女性黑工。

禁止女性下坑工作的原因，依海山副所長賴克富的說法是因蔣宋美齡曾到礦區巡視，對礦坑安全問題十分關切，體恤礦工夫妻同時入坑工作的家庭風險，指示女性不得下礦坑，才促成一九六四年女性下坑的禁令。[12]雖然蔣宋美齡曾經到過礦協新村，但「礦協」為屏東市一空軍眷村名稱，並非礦村，這種說法或許只是為了營造國民黨政府親民的形象，[13]因為當時的礦村對於外來統治者來說，是偏僻、危險之地，自日治以來，就鮮少有男性管理階層親自到礦村巡視，更不用說女性政治人物親臨現場。

還有一種說法是坑內燠熱，男、女衣衫單薄混雜，易生不正常關係。大型礦場坑道延伸可達二公里以上，煤巷之間距離大，人與人接觸不易。阿嬤說大家只有想到工作：「查埔人咧挖塗炭，黑黑的，（查某人）揀車去接礦石，換空車。」（男人在挖礦，黑黑的，女人推車去接礦石，換空車。）坑內男礦工雖光著身子，女礦工穿衣服或背心，黑暗的坑道根本看不清楚對方，再加上一般為小組工作，煤巷內的工作輪調，經常不確定當日的工作夥伴是誰。早期民風淳樸，坑內環境極度惡劣，工作又耗盡體力，要發生男女關係恐怕也非易事。[14]

雖然女性禁止入礦坑的說法來源可議，可以確定的是從日治到國民黨政府時期，在法律規範外、官方統計闕失下、民俗禁忌外、男女授受不親的禮教中，女性一直是臺灣暗黑礦坑中「看不見的勞工」。

1 國際聯盟為聯合國之前身，成立於一九二〇年，成立目的是透過集體安全及軍備控制來預防戰爭，藉由談判及仲裁來平息國際間的紛爭。國際聯盟及其他同時期的條約也提到勞動條件、對原住民的公平待遇、人口走私與販毒、軍備交易、公眾衛生、戰俘待遇，以及保護歐洲的少數族群。一九三四年九月二十八日至一九三五年二月二十三日極盛期間，會員國數量達五十八個。

2 〈女坑夫の入坑禁示〉，《臺灣日日新報》，大正十三年（一九二四年）五月十二日。依大正十年（一九二一年）的調查，日本的礦工人數為二六萬七六一四人，女性有七萬二六二三人，占二七%。

3 〈獎勵女坑夫〉，《臺灣日日新報》，大正九年（一九二〇年）五月九日。

4 明治三十一年（一八九八年）下期統計全臺有五十七位炭礦婦，昭和十六年（一九四一年）人數擴增至六一七〇人，占礦工總人數一一%。參見臺灣總督府殖產局商工課，《臺灣鑛業統計》調查，出自日治時期統計資料庫，http://tcsd.lib.ntu.edu.tw/query.php。

5 〈女坑夫の負傷〉，《臺灣日日新報》，大正十一年（一九二二年）四月二十九日。

6 布施優子，〈日治時期山本炭鑛之研究〉，頁三八至三九。

7 參考臺灣總督府殖產局鑛務課，《稼業鑛山》，其中統計石炭業中採炭、支柱，到選煤、搬運、雜夫男、女的薪資差異，證實當時女性已經從事屬於男性礦工的各類坑內工作。

8 《礦場法》第五條規定（一九三六年六月二十五日公布，一九五〇年九月一日施行），女工及童工不得在坑內工作，一九八六年十一月二十四日廢止。見全國法規資料庫，https://law.moj.gov.tw/LawClass/LawAll.aspx?pcode=J0020015。

9 賴克富等，《臺灣的煤礦》，頁一六二至一六三。

10 〈礦業員工從業人員數分類統計表〉，出自《臺灣勞工統計報告》（一九七二年），引自《臺灣鑛業史》續一冊（中華民國鑛業協進會，一九八三），頁一二五四至一二五五。

11 《勞工安全衛生法》（一九七四年四月二日）第十八條規定，雇主不得僱用童工、女工從事坑內工作。

12 一九六四年臺灣政府明令禁止女性入坑工作，參見賴克富等，《臺灣的煤礦》，頁一六二。

13 如果蔣宋美齡真的到過礦場必然是大事，不可能沒有留下新聞報導。筆者查證蔣宋美齡確實在一九六〇年代曾造訪礦協新村，並於門柱上題字，該村位於屏東市中正路上，為屏東空軍基地地勤人員及其眷屬所居的封閉型眷村，參見文化部國家文化記憶庫，屏東市礦協新村大門口，https://memory.culture.tw/Home/Detail?Id=558206&IndexCode=Culture_Place。此村是蔣夫人跟各個單位籌資興建，參見祝毅成，〈村長築夢，家有餘味〉，https://communitytaiwan.moc.gov.tw/Uploads/ProjectItem/f6b3297a-6107-4db6-8b34-ec5ad0ffe19e.pdf。

14 〈老礦工訪談口述歷史，瑞三女礦工——謝水琴〉，收錄於《礦業滄桑幾十載 老礦工口述歷史》（天主教敬仁勞工服務中心，二〇〇一），頁三八。見夏潮聯合會網站，http://chinatide.net/xiachao/page_422.htm。瑞三女性礦工訪談中也出現類似的說法，認為在坑內工作時沒有時間想那麼多。

9 家暴

阿嬤是個輕聲細語、溫柔和善的小女人，從不敢過問阿公的事。凌晨天未亮，就起身煮粥，準備早餐和中午的便當，阿公吃過飯就出門，通常中午兩點就下工了，很多時候不是去店仔口（tiàm-á-kháu，雜貨店）與舅舅小酌聊天，就是到處閒逛。有一回阿公喝醉發酒瘋，把褲子脫下來，一路在頭上揮舞回家，對於阿公的胡鬧，阿嬤覺得很難堪，也不好多說什麼。

阿公下了工就是休閒時間，在礦場工作的阿嬤比阿公更晚下工，通常得到下午四、五點，收拾完炭礦才能回家。一回到家，還是要煮飯、洗衣，放假還得上山去撿柴火，每天醒來就是工作，一天結束精疲力竭，從早到晚，日復一日，永無止歇地工作。

阿嬤的婆婆蕭允是個裹小腳的傳統女人，但她並沒有傳統溫柔婉約的女性形象，在媽媽、舅舅的口中反而像民間傳說的「虎姑婆」，[1]是家中最有權力的凶惡女人。阿嬤家的客廳掛著她的照片，神情看來十分嚴肅。清代臺灣社會盛行纏足，她自幼裹小腳，除拇趾之外，將四趾下屈，用長布包裹，再以針線縫住，使腳背高高隆起呈弓型，讓腳趾深深折入腳底。[2]日治時期嚴格取締纏足風氣，家中的戶口調查中還記上一個「纏」字，代表她是纏足女性。雖然此陋習在當時已經廢除，查某祖不必再用裹腳布包住小腳，但她腳掌已變形，平常只能小步慢走，無法像正常人行動自如。纏足真是可怕的陋習，竟令數個世代的女人被迫成為依賴父權體系維生的肢體障礙者。

查某祖在生了二男二女之後，丈夫上山砍柴出意外死亡，無奈只能帶著遺腹子阿公改嫁他人，之後又生了一個兒子，沒想到繼任丈夫又不幸在竹林工作傷腳，未能及時醫治，最後感染而亡。連續兩任丈夫意外身故，左鄰右舍開始傳出查某祖剋夫的閒言閒語，人言可畏，讓她逐漸成為性情孤僻、脾氣暴烈之人，所有生活中的委曲壓抑，對兒媳之間的情愛妒忌，都發洩在媳婦身上。

父權社會中男性擁有無上的權力，一旦男人過世，婆婆取代公公成為家中的新權威，在多年媳婦熬成婆之後，查某祖一不高興，不但自己動手打媳婦，也要求阿公打阿嬤給她出氣。阿嬤委曲地說：「毋是用罵的，攏是使弄（sái-lōng）囝打……（若毋打）欲死予伊看，欲予伊死嗎？以前的人有的真歹（pháinn）……我嘛毋按怎，不知為啥伊欲生氣？」（不是用罵的，都是唆使兒子打……如果不打要死給他看，難道要讓她死嗎？以前的人有的很凶……我也沒怎樣，不知為什麼她要生氣？）阿嬤成了婆婆的受氣包，有時阿公不想動手，查某祖就搥胸頓足，指責兒子不孝，覓死尋活，在她動不動以死要脅下，阿公迫於無奈，只好打老婆給媽媽看。

阿嬤與她的婆婆、伯公、小叔一起居住，傳統大家庭人多，互動磨擦也多，聽到閒言閒語，有時阿公也會動手訓妻，阿嬤只能忍氣吞聲：「幾若房蹛（tuà）做伙，攏是聽著無中意，就會揌（sai）落去，揌到鼻血流出來，以前的人較愛打人，伊攏是搧喙顊（sàm-tshuì-phué）……予打攏是嚎（háu）啦！不敢咧眠床嚎，驚予（大家）罵，攏是去嬸婆遐……攏是去遐嚎，嚎嚎咧才過來遮邊。」（好幾房住在一起，都是聽到不順心，就會搧巴掌，搧到流鼻血，以前的人比較愛打人，他都是打耳光……被打都是哭啦！不敢在床上哭，怕被婆婆罵，都是去嬸婆那邊……都是去那哭，哭一哭才過來這邊。）那時候男人打女人似乎是天經地義的常事，阿嬤不敢回嘴反抗，只能暗自哭泣，阿嬤說：「一人一款命，咱較歹命，去抵到（tú-tio̍h）較土、較僭權（tsiàm-kuân）。」（人各有命，我命比較不好，碰到了個性比較粗礪的人、比較霸道。）

我問阿嬤被打了之後有沒有想過逃家、離婚，阿嬤用不可思議的眼神看著我，顯然這個念頭沒有在她的腦海中出現過，笑著說：「囝攏生矣……以前的查某人無親像這馬（tsit-má）……」（小孩都生了……以前的女人不像現在……）想想女性解放在臺灣大概是一九八〇年代之後的事，以前的女人如果沒有依附男人，自己一個人是無法活下去的，對於家暴也只能逆來順受。

雖然阿公對阿嬤不好，但是十分疼愛小孩，媽媽小時候可是阿公的掌上明珠。放學從頂埔國小走路回家，經過店仔口碰到阿公，會先帶她去吃碗麵，有時還會揹著她走，那時龍泉路不過是一條小山徑，日落時父親揹著女兒回家，在路面上拉出一條長長的倒影，這個畫面一直深印在媽媽腦海中。

礦工收入不錯，媽媽是頂埔國小少數有書包的小朋友，她每天得意洋洋地揹著大紅書包去上學，可能太過招搖，放在書包裡的十五元學費還因此在課堂上遭竊，阿公只好跑一趟學校去補繳。雨天時，同學都還披著布袋當雨衣上學，媽媽就有了橡膠雨衣、雨鞋。國小三、四年級念書得到第一名時，阿公特別賞給她一雙「踢球鞋」，那可是令全校小朋友羨慕到口水都會滴下來的禮物。媽媽一向成績優良，拿到縣長獎時，更成了全校的風雲人物。

有一陣子阿公迷上歌仔戲，跟著戲班子學唱戲，碰到廟口熱鬧演出時，一定帶媽媽出門去看戲，將她放在後臺玩，自己也曾粉墨登場，扮起福祿壽三仙，為眾神賀喜。可惜阿公未得庇蔭，戲如人生，人生卻無法如戲中的壽仙。如果不是那場災變，母親的一生可能會完全不一樣。

1 王詩琅，《臺灣民間故事》（臺北市：玉山社，一九九九）。故事講述老虎精幻人形，趁媽媽離家時哄騙小孩開門進屋，吞食小孩的驚悚故事。

2 纏足，又稱裹小腳，約起源於北宋，明代進入興盛時期，清代纏足之風蔓延至社會各階層的女子。清末民初時期，社會普遍認為纏足是陋習，清廷和國民政府亦主張廢除。

10 臨盆

阿公葬在有應公後面的墓地(現在的土城第八公墓),就位於媽祖坑的捨石山旁,離工寮很近,不到五十公尺,彷彿說話大聲點,阿公就可以聽得見,讓他繼續守護家人。

他過世不久靈堂未撤,紅鼻叔公就因為缺錢,私自處分了阿公遺留下來的農作物,轉賣一千五百元(相當於阿嬤五個月的薪水),媽媽要去拔菜時才發現作物已經是別人家的了,孤兒寡母頓時陷入生活困境。在一個父權大家庭中,男人說了算,即使小叔「偷」了自己丈夫的作物,嫂子也只能默默忍受,脾氣火爆的母親卻一直無法原諒這個偷了她父親生前最後辛苦作物的叔叔。有一次,媽媽和大舅放學回家路上,叔公賞了一元給舅舅、五角給媽媽,說要讓他們買糖吃,媽媽氣得將五角丟在他臉上,一溜煙地跑了,回來還被查某祖揍了一頓。

阿公死後留下三個小孩,最大的是媽媽,只有十二歲,大舅壽仔八歲、大阿姨燕仔四歲，再加上查某祖，一家五口（還有肚子中的二舅瀛仔），生活重擔就落在阿嬤一個人身上。礦災殉職的員工家屬可領二萬四千餘元的撫卹金，四千元拿來辦後事，二萬元寄存在海山公司，每個月可領四百元利息。礦場上有不少礦災的員工子弟，依賴公司的優惠存款利息度日。

在龐大的家庭經濟壓力下，再增加一個小孩早已超過阿嬤的負荷。紅鼻叔公本來打算認養尚未出生的二舅，但是要求阿嬤「賣斷的」，即不可以對小孩揭露他親生父母的身分，阿嬤捨不得阿公的血脈送人，決定咬牙撐起全家的重擔。

媽媽小學畢業之後，學業中輟，在海山的媽祖坑事務所當小妹，也成為職員吳仔的下屬，負責接電話、記帳、發米、發爆子（pōng-tsí，炸藥）給礦工，每天賺八元，貼補家用。早期海山公司會用福利價格售米給員工，因為低於市價，多數礦工都接受公司配米，每月一人可配買二十七公斤，一包米重百斤，媽只不過是個小學剛畢業的孩子，負擔不了，只好請礦工自行來扛。發炸藥也是媽媽每天的例行公事，那時已從最初日製的新桐牌膠質炸藥改為臺製的白梅牌安全炸藥，但氣味仍很重，媽媽說進庫房取炸藥時經常被臭味薰到頭昏腦脹，她現在經常頭痛，一直覺得和小時候聞到太多炸藥味有關。

董事長李建和初次到媽祖坑辦事處巡視時，職員吳仔和媽媽看到這個陌生人，感到很可疑。吳仔吩咐媽媽不要倒水給他，不要理他。媽媽看他沒有離去之意，凶悍地質問來者何人？要把他趕出去。李建和把海山主坑的所長叫過來，當面斥責了一頓，但對這個黑黑瘦瘦、凶巴巴的小女孩印象特別深刻，知道她是殉職礦工張祿的女兒之後，每回來巡視時總會特別關照，噓寒問暖，臨走前還塞給她五百、一千元當獎學金，要她留著慢慢花用，其實媽媽已經輟學了，沒有繼續上初中。

每位礦工都有一張「卡嚕仔」(工資領取卡)，每日計算工資，半個月結算一次，但是發薪之前可以在福利社消費賒帳，一旦出現赤字，即不許透支再貸。由於家中食指浩繁，阿嬤的卡嚕仔每月出現赤字，捉襟見肘。阿嬤沒念書，雖懂得算帳，但很多行政手續都讓識字的媽媽代辦。媽媽每月去領工資，在福利社門口就被外面來的菜販、肉販堵住，索討賒欠款項，還完前債之後，往往所剩無幾。幸好店仔口的大頭伯人很好，容許阿嬤額外賒帳，有錢就還一些，但在入不敷出的狀況下，日積月累，也積欠了他不少錢。

海山公司為照顧礦工遺孀，改派懷孕的阿嬤去看守炭埕（thuànn tiânn，煤礦集中等待運送地），一家五口從山上搬到中央路四段（今三號高速公路與擺接堡路交接地帶），公司在炭埕邊的綠竹林下搭了一個臨時工寮，以木板為牆，釘了一張床，給阿嬤與三個小孩將就著住。炭埕鄰近大漢溪，那時還有渡船口，媽祖田有些農家會運送作物到萬華或新莊去賣，補貼家用。[1]從礦坑到炭埕交通不便，起初運煤只能仰賴獸力。阿嬤說：「以前媽祖田的塗炭攏用牛車載，倒佇炭埕，我顧炭埕顧一年外，塗炭倒佇遐，用籬笆圍起來，卡車會來載。彼時路（龍泉路）真小，袂當入去，後來路楦闊（hùn-khuah）矣，才會當用車載。」（以前媽祖田的礦都用牛車載，倒在炭埕，我顧炭埕顧了一年多，煤礦倒在那，用籬笆圍起來，卡車會來載。那時龍泉路很小，不能進去，後來路拓寬了，才能用車載。）

看守炭埕是阿嬤工作最輕鬆的時期，礦場中的女性工作到臨盆是常態，那個年代的女人沒有產假，即使有產假也不能休息，我問阿嬤懷孕時工作會不會有什麼不方便？阿嬤說：「偝佇腹肚裡爾爾（笑），哪有啥無方便？」（揹在肚子裡而已，哪有什麼不方便？）

但查某祖喪子之痛難平，不時責罵阿嬤是剋死丈夫的「剪刀邊、掃帚星」，產期將近，喪夫之痛、下坑工作的積勞一夕爆發，阿嬤在阿公過世半年內連續經歷三次瀕死絕境。

一九五八年九月，阿公過世不滿三個月，氣象預報強烈颱風葛瑞絲將來襲，中心氣壓八百九十五百帕，中心最大風速每小時一百六十五浬。阿嬤與媽媽開始擔心颱風的影響。九月十五日，颱風自花蓮登陸，果不其然，綁在刺竹上的工寮屋頂不斷被強風吹翻，雨水打進屋內，棉被溼透了，媽媽、大舅、大阿姨坐在床上嚎啕大哭。隨著風雨愈來愈大，房子隨時有可能被吹走，一家四口只能相擁而泣，熬過風雨交加的黑夜，一直到第二天颱風過後，雨過天晴。[2]這場風災造成全臺十三人死亡失蹤、二十七人輕重傷，房屋全倒四百零四間，半倒三三三二間。幸好工寮並沒有倒，一家人都平安無事，忙著災後復原。

風災過後不及一個月，十月八日晚上，阿嬤開始陣痛，凌晨時分生產在即，過去礦場中的女性生產時，都靠有經驗的婦女互相幫忙，但炭埕與礦工宿舍距離一公里有餘，找不到人援助。媽媽跑到路口去攔計程車，要送阿嬤到板橋醫院生產。但是路過的車原本就不多，好不容易有車來了，看到是個小孩子，呼嘯即過，媽在後面一邊追著一邊大喊：「停車！停車！」急到哭了出來。

嬰兒等不及了，已經滑出子宮，卻找不到人幫忙，阿嬤回憶起那個生命攸關的時刻：「彼時陣不知欲揣（tshuē）誰轉臍（tn̄g-tsâi），我家己斷，閣佮囡仔洗洗咧……囡仔真軟。」（那時候不知道要找誰斷臍，我自己斷，再把小孩洗一洗……小孩很軟。）我聽了簡直匪夷所思，追問阿嬤：「欲按怎斷？」（要怎麼斷？）她說：「家己絞緊了後斷臍，以前看過產婆把臍帶絞緊閣剪斷。」為母則強，阿嬤自斷臍帶之後，還幫小孩洗完澡，才睡覺休息。

聽阿嬤說完驚險的二舅生產過程，真正體會到過去礦場婦女的艱辛。以前媽媽常提到生我時痛了二十多個小時，因為難產而失血過多，差點死掉，最後醫生剖腹生產，嬰兒取出時臉色已轉紫，沒有哭聲，經過拍打之後才哭出聲，再晚個幾分鐘，我大概就不會來到這個世界了。不過一個世代光景，女人逐漸擺脫物種繁衍使命的重擔，不必再為傳宗接代而搏命。

產後坐月子是女人的大事，專心在家哺乳育兒，那是唯一可以喘息的時間。但阿公才過世不久，阿嬤因傷心過度而食不下嚥，她說：「攏無做月內（tsò-gue̍h-lāi），提一矸（kan）酒做月內攏食袂落。躺落去就目屎（ba̍k-sái）一直流一直流，尪才死三個月，就食袂落去，就一直嚎，火氣大，嘛無法度食麻油。」（都沒有坐月子，拿一瓶酒坐月子都吃不下。躺下去就眼淚一直流一直流，丈夫才死三個月，吃不下，就一直哭，火氣大，也沒辦法吃麻油。）阿公過世之後阿嬤終日以淚洗面，因為傷心過度而胃口不佳，最後用粥配些薑、鵝仔菜，勉強入口。阿嬤一直認為月子沒做好是身體差的主要原因，但礦場的工作環境卻是惡劣到連沒生過孩子的男性礦工都會英年早逝。

由於長年在坑內工作，阿嬤肺中已累積不少粉塵，生完二舅之後氣喘加劇。丈夫死後的冬天特別難熬，她說：「就傷冷，才瘖呴(he-ku)。暗時若是瘖呴發作攏袂使睏，干焦會當坐咧，向落去。若是停矣，就窒牢咧，一直嗚嗚嗚！」(就太冷，才氣喘。晚上如果氣喘發作都沒辦法睡，只能坐著，彎下身子。如果停一下，就堵住，一直嗚嗚嗚！)因為氣喘太過嚴重，有一次阿嬤被緊急送到三峽的醫院，醫生一度宣告放棄。她回憶：「上嚴重彼一擺去三峽長明住院，長明佮我送太平間隔壁(笑)，感覺我大概會去了。彼時燕仔佮我作陣，睏袂去，時鐘按呢嘀嘀嗒嗒，門就按呢ㄍㄨㄞㄍㄨㄞㄍㄨㄞ……」(最嚴重那次去三峽長明住院，長明將我送太平間隔壁，感覺我大概會死了。那時麗燕陪我一起，睡不著，時鐘這樣嘀嘀嗒嗒，門就這樣ㄍㄨㄞㄍㄨㄞㄍㄨㄞ……)在生死邊緣，阿嬤身旁竟只有四歲的大阿姨陪伴，我想那一晚，死神已經來敲過門，或許悲憐阿嬤一家人的處境，放過了她。

住沒幾天，阿嬤就想出院，希望盡快回礦坑工作。回到土城之後轉去橋頭找一位醫生打針，開兩包藥壓住之後就不喘了，算是撿回一條命。阿嬤說起這段走過鬼門關的過往，輕描淡寫，不帶任何情緒，反倒是我聽了捏出一把冷汗，不知該同情阿嬤的命運多舛，還是讚嘆她面臨逆境的生存毅力。

1 現因河道變遷，崁埕已遠離大漢溪，參見呂惠美，〈善緣牽引馬媽祖田〉，收錄於《觀音媽祖護祖田》（新北市：新北市文化局，二〇一二），頁一二〇至一二一。

2 〈民國四十七年風災害報告——第三號颱風葛瑞絲〉，中央氣象署，https://photino.cwb.gov.tw/rdcweb/lib/cd/cd07mb/MB/PDF/04/No.4/07.pdf。

第五篇

礦業榮衰

媽媽説以前海山是附近最熱鬧的所在（sóo-tsāi，地方），礦村內除了挖礦，還養豬、養魚，有專人管理，十分乾淨整齊。每逢年節，礦方都會宰殺豬隻、分享水產，為大家加菜。在李家的經營下，海山煤礦成為臺灣礦場的典範——一座現代化的美麗礦村。羅隆盛先生的照片保留了當時建安坑口繁盛的景象，穿過臺車道有人行景觀橋，礦坑口、事務所及臺車道周邊處處種有熱帶風情的椰子，鐵道兩旁還有綠化的灌木。

在礦村生活和一般人印象中的底層階級相去甚遠，當時海山的礦工不僅有優於公教人員的待遇，還有宿舍、公共澡堂、托兒所及各項娛樂設施。有鑑於礦工教育水準不高，礦方除了為不識字的礦工舉辦「機會教育」[1]之外，還定期舉行象棋、籃球、桌球、網球等團康賽事，有一陣子還流行「礦工集團結婚」。

出了坑的礦工在洗去一身汙塵之後，有自由活動的時間，在礦村長大的小朋友有非常快樂美好的回憶，但失去男主人的阿嬤一家人，卻不得不為生存而努力。

II 礦村

煤礦關係到戰後臺灣軍事安全與經濟發展，舉凡飛機燃油、車輛、船舶與戰備儲煤，到民眾日常生活起居，都需要耗用大量的燃煤，對於煤炭產能與價格的控管成了國民黨政府當務之急。不過，臺灣的煤層深入地底，開採煤礦的成本與風險都很高，市場不穩定，只有透過政府補貼才能持續生產。一九五二年，政府公布《臺灣省煤炭增產管理辦法》，一九五四年又同時公布《解除燃料煤管制辦法》，效仿過去日本軍方統籌分配做法，以「臺灣省煤業調節委員會」（簡稱煤調會）管制收購公營企業機關所需的燃料煤，其餘交由業者自由銷售，由於收購價格過低，引發一波小型礦場的倒閉潮。

一九五六年公布《煤焦供運暨徵購辦法》，臺灣煤價出現徵購、官商洽購及自由競爭三種不同的煤價機制。徵購、官商洽購的價格皆低於市場行情，大約僅為生產的成本價，只有自由競爭方式礦方可以售予民營企業，取得較高的利潤。此政策引發煤礦業者的反彈，煤調會只好依市況再調整煤價，補貼入不敷出的小型礦業者，之後臺灣煤業生產就在國家扭曲的補貼政策下持續賠錢進行。[2]

李氏家族積極擴張經營之後，持有的礦場面積從最初承購時的六百三十二公頃，到了一九六三年增至近千公頃，利用新型的開採機具持續提高產能。[3]海山煤礦在一九六九至一九七四年迎來生產高峰期，每年產量維持兩萬公噸以上，生產的煤塊屬於一等，水洗炭粉屬於特二等，皆為優質煤。[4]在政府的價格政策保護傘下，海山煤礦有一半交由國家低價徵購或洽購，供應臺電、公賣局等，另外一半透過市場行銷，有助於提高獲利率，平衡政府低價收購的損失。

一九五七年開始，隨著經濟建設計畫展開，鐵路、糖廠、水泥廠與外銷輪船的能源需求攀升，臺煤迎來戰後生產的黃金期，一九六四至一九六九年，煤礦每年皆可維持五百萬噸產量，但隨即因為礦源枯竭，產能開始下滑。一九六〇年代中期，臺灣能源從水力轉向火力發電；一九六六年起，火力機組裝置容量超過水力發電；一九七六年火力發電達高峰期，占七六・五%。[5]政府對於臺電用燃料油提供價格補貼，但臺煤生產成本早已超過進口原油，煤礦銷量每況愈下，不少中小型礦場爆發欠薪糾紛，甚至倒閉。自一九五五年到一九六七年之間，臺灣的勞資爭議案件中四件即有一件與礦業相關。[6]

在臺灣礦業一片衰退趨勢中，海山煤礦卻逆勢成長。建安主坑地底深度超過五百公尺，除了原來的媽祖坑外，決定再開闢建福第三礦區，稱為「建成礦業所建福坑」（三通坑），一九六五年三月十八日貫通，設儲煤廠、宿舍、臺車道、辦事處。媽祖坑與建福坑交通不便，煤炭皆集中至建安坑洗煤之後，再用貨車運送到板橋火車站銷售。

一九六四年，藉美援的支持，國民黨政府推行礦區基層民生建設，訂定兩年計畫，從生產、教育、衛生保健、社會福利等方面改善礦工生活。從平溪鄉石底礦場開始，推至海山、民德煤礦。隨著工寮、浴場的落成，又陸續興建自來水設備、中山堂集會所、福利社、幼稚園、籃球場、桌球場、網球場、員工餐廳、理髮廳、醫務室，[7]海山成為臺灣優良礦場的典範之一。在硬體建設完成之後，海山公司設家庭副業補習班，教導婦女縫紉、刺繡，建公共飼養的豬舍、魚池，自行養豬、養魚，有專人管理豬舍，豬的排泄物直接充當池中吳郭魚飼料，形成「魚豬共生」的生態體系，一直到現在，媽媽幾乎都不吃吳郭魚，因為她印象中吳郭魚吃的是豬糞。

土城永寧形成一個人口兩千人的大礦村，連同礦工家屬，人口一度達三千多人，其中有八成從事礦業。村內還設立公路局車站，方便員工上、下班，成為土城農村中最熱署，承擔統籌收購與配售煤炭的工作，並協助煤礦業者貸款。

一九五一年，美國開始援助臺灣，在美籍專家的建議下，一九五四年宣布撤銷煤炭管制方案，把「臺灣省石炭調整委員會」(簡稱石炭會)改組為「煤業調節委員會」(簡稱煤調會)，負責辦理公營事業用煤、調節煤炭供需情況與輔導生產等任務。在煤業的半管制政策之下，公營事業所需用煤由煤調會收購，其餘業者可以自行在市場上銷售，但是禁止外銷。

在加入市場機制之後，煤礦業者與消費者爭相搶購屯積，造成市場上煤炭供不應求。一九五六年省政府宣布實行「徵購制度」，煤市中出現三種價格：徵購價、洽購價與市價。徵購價是由煤調會徵購，供應公營事業及軍方所需；洽購價為官商洽購，民間用戶在一千公噸以上者，可以自訂洽購的價格，但必須向煤調會報備；而市價則為市場價格。

政府徵購價初期由石炭會制定，將煤礦品質依塊、屑、焦、熟進行分級，在煤調會成立之後，改依燃煤一百卡的熱量，作為增減計算價格的基準。根據省議會在一九五七年的調查，煤調會的徵購價與洽購價均低於成本，同時政府又限制煤礦出口，煤礦業者怨聲載道。經過煤礦公會不斷陳情與反應，政府終於在一九五八年廢除徵購制度，推動長期供應煤炭契約制度，讓主要用戶與煤礦業者訂定長期供應合約。用戶方面由煤調會代為執行，與各煤礦分別簽訂契約，但煤價依然是由煤調會決定。

一九六〇年代，臺煤逐漸走入下坡，一九八〇年以後，進口煤礦數量增多，影響到臺灣煤礦產業的生存。一九八四年三大礦災之後，政府於一九八六年制定「申請進口燃料煤搭配收購臺煤實施要點」，只要煤炭用戶申請進口煤燃料，進口量均要搭配一定比例的臺煤，以維持臺煤的銷售量，但由於臺煤生產成本過高，市場競爭力不足，仍挽救不了礦場走向關閉的命運。

臺灣煤炭價格的管制

煤礦不僅是民生工業，也是重要的軍需能源，自日治時期就出現價格管制措施。最早的「臺灣炭業組合」成立於一九三三年（昭和八年），由臺灣煤業巨擘顏國年領導，目的是調節生產和維持煤價，以強化臺灣煤業的競爭力，增進及謀求同業之共同利益，類似同業公會的性質。

配合日本重工業興起以及臺灣境內工業化政策，日本殖民政府強化公會管理，臺灣煤礦產銷均納入日本殖民政府管理。一九三九年（昭和十四年），因軍需重工業的發展和侵略戰爭的進行，臺煤需求大增，一九四一年（昭和十六年）成立「臺灣石炭株式會社」（一九四四年改組為「臺灣石炭統制株式會社」），發揮持續增產、維持適當煤價和合理配給的功能。

一九四五年，日本戰敗，國民黨政府接收日本煤企業後，仍然延續日治時代後期以來的煤業管理政策，將「臺灣石炭統制株式會社」改組為「臺灣省石炭調整委員會」，隸屬於臺灣省行政長官公

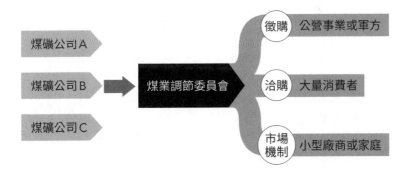

鬧的小街庄。

媽祖坑口到炭埕之間的龍泉路鋪設上碎石之後，可容小貨車進出，到板橋車站也改為公路運輸。自日治時期山本炭鑛開始，浴場就是礦場的基本設施，新設的媽祖坑有兩間澡堂，一間男性更衣室，男性澡堂較大，可容數十人使用，女性澡堂很小，只能容三、四人。海山改派阿嬤在礦坑澡堂燒水，從炭埕看守工變成湯婆婆，阿嬤每天從篩仔腳(選煤場)用畚箕挑煤炭去澡堂燒水，每天限量三百斤，給出坑的礦工洗澡，這是海山煤礦提供熱水洗澡的開始，之前不論寒暑，礦工都是洗冷水澡。周邊農家小孩把澡堂當作游泳池，經常帶進一身泥巴，再加上礦工身上的煤灰，都沉澱在浴池中，從早到晚都需要有人不斷清洗，而浴室燒水飄送的水蒸氣成為礦村最明顯的地標。

原本依《礦場法》規定，礦工每日工作時間以八小時為限，得延長至十小時，但是獲得工會同意時，可以延至十二小時。由於礦工採取「以件計酬」，休假部分並不適用勞動法規，[8]礦工想做就做，想休就休，工時十分不穩定。後來礦場更打破固定工時制，改輪兩班制，早班從六點半入坑，下午兩點出坑，晚班自第一班出坑之後入坑，晚上八點出坑。[9]隨著勞工流動率提高，礦場又改採三班制，早上六點到中午十二點，下午一點到六點，晚上則從下午四、五點做到十點半。因此，從清晨到午夜，坑內都有礦工進出工作，下工之後就來澡堂泡澡聊天。因為隨時都有人出入澡堂，阿嬤的工時也跟著不斷延長。

礦業極盛的一九七〇年代，海山雇工人數一度高達一五二二人，礦場是工人們生死與共的超級大家庭，大家共用一個澡堂。澡堂是礦工每日公共生活的中心，不僅可以洗滌身體，也可以分享生活點滴，凝聚感情。阿嬤到炭埕挑煤燒開水給大家洗澡，每次挑兩畚箕的煤，大約三十至四十公斤，[10]從坑口上坡走到澡堂，每天來回大約七趟，阿嬤氣喘嚴重時會叫舅舅或媽媽來分擔，幫她挑炭燒水、打掃澡堂，經常忙到半夜。二舅那時是小學生，電車間的阿禮伯（周東禮）經常代他加炭送火，要他先回去睡覺，以免第二天上學爬不起來。

那是海山礦業最繁榮的年代，媽祖坑也進入「大增產」時期，為了改善礦工福祉，礦方開始為礦工提供便當。礦場女工一天要做兩百多個便當，阿嬤被調去為礦工準備便當，超大的鐵盒便當盛滿白飯，一塊三層肉加上半顆滷蛋，再加上鹹菜脯，礦工飲食大為改善，阿嬤也將便當剩下的食材帶回家給小孩吃，那陣子家中盤飧跟著增色不少。

政處分。不僅小礦主違法，連李家、顏家等大礦主亦違法，阿嬤的老闆李家所經營的建基煤礦也曾爆發欠薪，且為了爭取合法的休假權益，建基煤礦工會曾發起抗爭，造成工會幹部七人被礦方解僱，後來有八十位礦工集體提告，歷時三年半，起初礦工皆敗訴，最終在高等法院二次更審時才勝訴。而許多被欠薪的礦工只能自主救濟，旭裕煤礦因為欠薪，礦工透過集體罷工才獲部分薪水；福安煤礦欠薪之後即宣布倒閉，礦工只好拿電纜抵債；山仔腳的礦工也拿礦方生產工具，如捲揚機、抽水機等抵薪。

在國家能源政策轉變之後，首當其衝的除了礦工之外，也包含中小型礦主。一九六九年，瑞德煤礦的礦主許金德，向臺灣工礦公司價購瑞芳及民德兩個礦場，長年積欠礦工薪資，礦工拒絕入坑採煤，經省礦聯會與臺北縣政府介入協調，總經理王孝思原本承諾在中元節前發放部分薪水，讓礦工可以回家過節，百位礦工至臺北市忠孝大樓集聚抗議，王總在壓力下竟跳樓自殺；同年，瑞芳魚行煤礦礦主邱秀榮也因欠薪，與煤礦鉅子顏欽賢商議對策，不料突然仰藥自殺。這些管理者算是有良心的礦方，由於受到煤業景氣的影響，竟然被迫走上絕路。

	勞工訴求或後續處理
	勞工勝訴
	工人代表游阿道被打，之後不了了之。後經勞資協商，共同處理包商問題。
	遭查封機器，清償部分薪資，後靠生產償還積欠的工資。

續下頁▼

煤礦業的勞資糾紛

戰後臺灣礦場盛行高利貸，原本礦工的「卡嚕仔」（工資領取表）即有預支薪資的功能，但卻被部分礦方惡意利用，向礦工收取高額利息。政府雖禁止礦方向礦工發放高利貸，亦難杜絕此一陋習。延遲發薪是礦方常用的手段，永良、正泰、一心、瑞德、山子腳、旭裕、魚行、福安等礦方爆發積欠工資，大批礦工拿不到薪資，更不用說資遣費或退休金。位於萬里的中福及六坑礦主鄭水和除了延發薪資，在一九六七年至一九六九年五月，迫使礦工向礦方借款，每月得預借工資半數，謀取八%的高利。資方積欠勞工薪資卻同時對勞工放高利貸，實在令人匪夷所思。

礦方除了不按時發薪，也會苛扣薪資，像和成、平和、大榮即爆發過片面降薪的爭議。礦場包工也經常藉機剝削礦工，三富、合益礦工發現包工發給工人的薪資竟不及原工價的一半。臺灣礦災頻繁，多數罹難礦工家庭依賴勞保的職災撫卹生活，雙溪、金敏、宏裕、三功、七星等煤礦，礦主在礦災之後竟然苛扣，甚至不發礦工撫恤金，政府不但放任礦方違法，甚至不准礦方多發慰問金，以免影響其他礦方權益。

一九五五年五月，苗栗天山、大山兩個礦場積欠礦工薪資兩個月，工會發起自發性停工，兩天後資方出面發放部分薪資，當地警察然竟以「圖謀不軌」為由逮捕工會幹部，提起公訴，後來勞工勝訴，相關的官員與礦方皆受行

一九五五至一九六七年煤礦的主要勞資糾紛案件

年分	礦場	雇主	爭議原因
1955	天山	涂添貴	因積欠工資而導致礦工停工，警方以非法罷工對礦工提起公訴。
1955	三富	陳富田	工人抗議包工頭陳廖傳剝削
1955	一心	周乞	欠稅、積欠工資

勞工訴求或後續處理
調解無結果
訴願書外洩，警備總部干涉勞資糾紛。
要求縣府介入
一審勞工敗訴，上訴高等法院，最高法院庭諭和解。
一審勞工敗訴，上訴高等法院，最高法院庭諭和解。
工會要求賠償，且不得延誤發薪。
工人怠工，礦方最後未調降工資。
由李建川承購，平息瑞芳礦場的欠薪問題，明德礦場則未能解決。
礦災工人要求資方補助醫療及生活費
以重利罪對礦主提起公訴
向監察院陳情
調查之後，負責人顏朝沉，保安管理員林文章，保安督察員劉生等三人依過失殺人罪嫌將他們三人提起公訴。
礦方出售機械償還欠薪
礦方改組為大榮煤礦，重組工會。
礦工搬電纜抵欠薪
礦物局無力處理
無下文
勞方向相關單位陳情，未獲解決。
抗議礦主未從優撫恤，組協調之後礦方始發放撫恤金。
工會向臺北市工會總工會、社會局陳情，獲得解決。
陳情之後，從優資遣。
陳情之後，獲資遣。
在多年勞工運動之後，終於在一九七七年十月獲職業災害補償。
二〇一七年，新本市政府社會局擬定「海山、煤山及海山一坑礦災家屬救助服務計畫」。
無下文

參考資料：張國興，《臺灣戰後勞工問題》下冊（臺北市：現代學術研究基金會，一九九一）。

年分	礦場	雇主	爭議原因
1963	永良	張某	積欠工資
1965	中臺	中臺礦業股份有限公司	停採造成勞工失業
1967	正泰		延發工資、置之不理。
1967	建基	李建和	欠薪解僱
1968	建基	李建和	不發休假工資
1969	瑞三	李建興	煤塵爆炸，三十六死、四十九傷，且延後發薪。
1969	和成、平和	王文堂	調降工資一〇至三〇%
1969	瑞德（瑞芳、明德）	許金德	積欠工資十七期（八・五個月）
1969	雙溪	鄭塘波	礦災，二死、四十四傷。
1970	中福、六和	鄭水和	延遲發薪、放高利貸。
1970	宏裕	柳才	不發殘障撫恤金
1970	三功	顏承養	瓦斯爆炸，五死、十一傷，部分外界捐款被礦方扣住未發放。
1970	山仔腳	陳萬財、黃添陣	積欠工資
1970	和成	王文堂	不發休假工資
1970	福安	顏三輝	惡性倒閉
1970	旭裕	楊登賢	積欠工資六百餘萬
1971	金敏	林丕顯	礦工遺孀指控礦方未發撫恤金五千元
1971	大榮	張武雄	調降工資，一三〇至一〇〇元／臺車。
1971	七星	林柏壽、顏欽賢	七星坑爆炸，四十二死、五傷。
1984	永和煤礦	張聰智	因主坑道積水嚴重而歇業，百名礦工的退休與資遣費未解決。
1984	三貂嶺	許松德	因保安設備不及格而無法開採，公告資遣員工。
1984	瑞三	李建興	因保安設備不及格而無法開採
1995	基隆數個礦場		敬仁勞工安全衛生服務中心向行政院勞委會陳情
1998	海山、煤山		海山、煤山礦災受難者家屬到臺北縣議會陳情，向縣長蘇貞昌要求接管社會愛心專戶。
2021	基隆、瑞芳、平溪、苗栗		老礦工大隊上街頭，要求國家保障礦工老年生活，協助礦工面對職業病殘害。

隨著礦業發展，原本靜默的農村也繁榮了起來，初一、十五為領薪日，次日訂為公休日，各地攤商雲集坑口，好不熱鬧。由於工作辛苦危險，不少礦工抱持今朝有酒今朝醉的心態，除了喝酒之外，最常見的休閒是賭博。阿嬤說起當時礦工聚賭的情形：「以前有一个職員，大家一出坑，碗公就捧出來豆仔，有大欉樹，邊仔圍起來紅毛塗（âng-mn̂g-thôo），一板遮大板，大家圍咧，有的徛咧，有的跍咧，叫啊！輸的人都輸了了，贏的人提了了，大家就……做佮薪水攏輸了了。」（以前有個職員，大家一出坑，碗公就拿出來擲骰子，有一叢大樹，一旁圍起水泥，這麼大，大家圍著，有的站著，有的蹲著，叫啊！輸的人都輸光，贏的人拿光，大家就……做到薪水都賠光了。）在賭博非法的年代，沒想到礦場的賭風竟是礦方管理職員助長的。

一九七四年六月一日，蔣經國先生特地參訪海山煤礦，甚至親自下坑巡視礦工生活，[11]他頭戴安全帽、手穿白手套、脖子圍著白毛巾，坐上臺車與副所長賴克富留影，展現親民的作風。原本海山坑入口的標語只有「安全第一」，後來增加了「增產報國」、「效忠總統」。[12]之後，海山煤礦成為政府官員體恤民間疾苦的巡察重點，有不少大官跟上總統的步伐，爭相巡視。

1 機會教育是礦方開設給礦工的非正式課程，類似識字班。

2 〈臺灣煤礦之變遷〉，收錄於《臺灣鑛業史》續一冊，頁九八。

3 李修瑋，《土城煤業興衰史》，頁九七、一〇四至一二三。

4 原始出處為臺灣省礦務局，《臺灣省煤業調節委員會》第二二九卷，引自鐘宜君，〈礦業遺產之消失—以海山煤礦為例〉，頁七八。

5 〈火力營運現況與績效〉，臺電公司，https://www.taipower.com.tw/tc/page.aspx?mid=202。

6 張國興，《臺灣戰後勞工問題》下冊（臺北市：現代學術研究基金會，一九九一），頁四〇六至四〇七。根據一九五五至一九六七年的統計，共有四四二件勞資爭議案、涉及二〇萬五五六〇人，其中礦業有六十一件、五五九二人，占勞資爭議人數的二七％，尤以一九六二年最高，有十八件，涉及礦工二五七五人。

7 李修瑋，《土城煤業興衰史》，頁一二四。

8 臺灣鑛業史編纂委員會，《臺灣鑛業史》上冊，頁一四三三至一四三四。

9 不同時期礦工的工時不一，做石的與做炭的工時也不一樣，阿嬤記不清楚後來的上班時間。此依據的是賴克富先生說法，見賴克富等，《臺灣的煤礦》，頁一五一；另外依鄭金波的口述，第一班從上午做到下午二點多；第二班則是下午二點多做到晚上七點多，見呂惠美，〈善緣牽引馬媽祖田〉，出自《觀音媽祖護祖田》（新北市：新北市文化局，二〇一二），頁一三八。

10 每一畚箕估計約有十五公斤，計算方式為：（0.425m*0.32m*0.19m）*煤比重1.2（kg/m^3）*2=31 kg。

11 〈我們新總統蔣經國先生〉，《光華雜誌》第三卷第四期（一九七八年四月），https://www.taiwan-panorama.com/Articles/Details?Guid=6f5daa91-38fe-4ac0-b5e8-1c03c0666b55。

12 賴克富等，《臺灣的煤礦》，頁四六。

12 工寮

在美援的支持下，興建工寮成為穩定礦工生活的手段。一九五三年，經濟部訂定「礦工福利實施計畫」，配合美援相對基金，由省建設廳撥款興建礦工宿舍，[1]即所謂的「美元厝」，海山是首批獲得補助興建宿舍的礦場之一，陸續興建職員宿舍三十棟，每棟可容兩戶，工寮六十棟，每棟十五戶。

一九六〇年，媽祖田的工寮完工，海山的礦工皆可申請免費入住，阿嬷一家成為第一批入住者。同批入住尚有為普安堂鋪設步道的打石工三兄弟，再加上助手兩人，他們為短期借住者，後來陸續又搬進仔阿姆夫妻、王進錄（水蛙肚）及矮仔曲夫妻、天車工陳明德與寶蓮夫妻、詹山水與禿頭姆夫妻、蘇阿烏，後來又有阿快、老劉、番仔江等人進住，只有先來後到，沒有原、漢、本省、外省之分。

媽祖坑工寮是兩排相鄰的「虎頭厝」，斜屋頂紅磚房，中間一排走道兩側各八個房間，每個房間內有日式架高床，木板隔間，床下通透，每間可容二至三人。當時一家小孩至少四到五人，通常一家人可以分配到兩個房間，總共可住八戶，卻只有六口灶，後側兩邊各三口，必須輪流使用，礦工家庭之間也會分享食材或吃不完的食物。阿嬷家有六口人，兩房住不下，阿嬷、查某祖各住一間，小孩主要由查某祖照顧，跟查某祖一起睡，母親沒有固定房間，常常和其他人家的小孩擠同一間房。

在掘進一年之後，媽祖坑漸有規模，逐漸發展成小礦村，人數最多的時候男礦工達兩百八十餘人，女礦工人數較少，僅數十人。在媽祖坑生產穩定之後，資深、幹練的工人鄧進發升上坑區小頭，負責招攬、管理與教導礦場工人，坑內的工作都由他負責發包。進發家在頂埔開雜貨店，生下八個小孩（一個夭折），五男二女，再加上一個童養媳鄧秀英，妻子因難產亡故多年，秀英姊代母職，負責煮飯、洗衣、照顧弟妹，五個兒子中只有小兒子明川沒有進海山工作。

工寮內的住戶就像一家人，進發不僅是媽祖坑的小頭，也是工寮的大家長，媽祖坑後來又發生兩次礦災，進發都親自為罹難礦工清洗大體。他還在礦坑旁綁（pák，租）了一塊地，下工之後就種些空心菜、菠菜、絲瓜、菜豆，告訴大家想吃都可以隨時去採，讓整個工寮的人無償享用，所以他在礦場中人緣極佳。

工寮內各家自行煮食，都會養雞、鴨或火雞，阿嬤家也養了十多隻雞、鴨，雖然是集體混養，但很少會弄錯，各家在雞腳上綁繩子作記號，在鴨蹼上剪出缺角，方便辨識。小雞需要吃飼料，成本較高，有一回，阿嬤要二阿姨麗燕去餵小雞，她貪玩而把飼料倒了就離開，結果被其他家的雞吃光，自家的雞反而吃不到，被阿嬤唸了一頓。礦家平常捨不得殺雞，尤其是母雞，養著只是為了取蛋加菜，早上熱粥打一顆生雞蛋，補充營養。

工寮後面搭了豬舍，阿嬤平時跟肉攤賒豬肉，等家中豬隻大了再送去殺，還掉欠債之外，肉販會給一筆錢，買豬胚(ti-phue，小豬)回來繼續養。後來家中養的兩頭豬，生了十二隻豬仔，賣了十隻，留兩隻續養。小豬需要吃飼料，長大之後就改吃豬菜、廚餘，那時經濟已好轉，番薯成為豬的主食之一。吃剩的廚餘通常要多放幾天，等發酵酸臭，再煮過之後才給豬吃，二舅說：「食臭酸的潘(phun)，豬毛才會黑金金！」(吃餿臭的廚餘，豬毛才會亮！)

逢年過節才會殺雞宰豬，尤其是七月半中元普渡時，凌晨三、四點各家會牽豬去殺，豬的哀號聲響徹工寮，家中有時一次要殺四、五隻雞當作牲醴，有應公、礦坑、工寮門口、自家都要普渡，招待四面八方來的孤魂野鬼。阿嬤會用黑豆自己釀醬油，吃不完的雞肉就用醬酒醃起來，這種雞肉可以保存很久，但鹹到吃不出雞肉味，便當放一片鹹雞肉、一條菜脯以及一些醬菜，再加一顆荷包蛋，當時已是人間美味。

一九五一至一九六五年美援時期，臺灣的教會負責發放民生物資給貧民，位於頂埔的基督教臺灣信義會聖潔堂也是其中之一，舅舅經常會去排隊領取各種生活用品，包括二手衣物、奶粉、麵粉，有時還有牛肉、奶油、棉籽，反正有什麼領什麼，家中幾乎什麼都缺。二舅說當時最好的禮物是分發到最後一位可以獲得的麵粉袋，不但可以揹東西、當雨衣，還可以做內衣褲。

沒有父親又出身貧困，二舅成為學校同學霸凌的對象。當時祖田村的小朋友都是走龍泉路到頂埔國小去上學，下課之後，同學們在路上圍住二舅，不准他通過，逼他跳下路旁的稻田，路面與田高差約一個成人高度，二舅害怕不敢跳，被同學們逼著跌入稻田中，那時水稻已經收成，地上滿是爛泥，二舅髖骨受傷，忍痛沿著大安圳涉水回家，不敢告訴家人。原來沒有父親的孩子是沒有路可以走的，他說起這段往事仍覺得心酸。

自一九六八年開始，受到新興製造業的吸引，礦工大量流失，一九六八至一九七二年間最嚴重，每年平均減少五千人。[2]為了解決缺工問題，海山公司一度到臺北縣萬里、瑞芳一帶招募礦工，一早派專車過去接人，傍晚再送他們回家，但仍無法解決缺工問題。大老闆李建川決定延攬東部的原住民，一九六九年招進第一批，以來自臺東池上阿美族人最多，一九八〇至八一年間原住民礦工暨家屬總數已達三千多人。[3]由於原漢之間的生活習慣不同，易生磨擦，海山特別在漢人工寮的東方、選煤場後面加蓋原住民專屬工寮，一戶兩坪，稱為「番仔寮」，後來又增加四座寮、十三棟[4]兩處，隨原住民礦工人數不斷增加，又在土城國中旁再加蓋三大棟工寮（土城區永寧路六一、六二、六三號）。東部移民而來的原住民礦工體能佳又勤奮，逐漸取代漢人，成為海山礦場主要的勞動力。

由於原漢工人生活空間分離，阿嬤一家又住在媽祖坑的工寮，與原住民礦工接觸有限，倒是活動力旺盛的媽媽因走山路去成福茶寮賣肥皂，經過天車間看到許多動物的屍體。原住民習慣打獵，當時海山周邊的媽祖山、大暖尖一帶還有很多烏腳香（果子狸）、飛鼠（大赤鼯鼠），原住民經常就地宰殺分食，夏天腥臭難當。職員吳仔特別喜歡吃烏腳香，會用米酒去交換，媽媽記得：「彼時一隻烏腳香可以換兩瓶米酒頭仔。」原住民礦工不知當時烏腳香的市場行情達數百元，但在礦村只換到兩瓶米酒。

一九八二年，媽祖坑發生小型礦災停工，由於礦源枯竭，媽祖坑停止開採，改回作建安主坑的風坑，便於坑道內空氣流通。原本的媽祖坑辦事處裁撤之後，職員也被調回主坑工作，一家大小得以搬到媽祖坑空下來的職員宿舍居住，終於有了獨立的門戶，不用擠在工寮的大雜院中。

新家位於三間宿舍之中，正好面對大安圳。有兩個沒有門的房間、一口獨立的灶，沒有浴室，只能在廚房洗澡。廚房門口會放一張椅子，洗澡時把衣服放在椅子上當作記號，提醒家人不要誤闖。後來舅舅利用後面空地，加蓋了一間浴室廁所，終於成為一個完整的家。

我對於阿嬤居住的礦工宿舍印象非常模糊，依稀記得是紅磚屋、有鐵道通過，沿著鐵道月臺種有一排修剪整齊的灌木。印象最深的是廁所，小時候回阿嬤家最怕去上廁所，工寮外的廁所隔著一道木板，人的排遺直通豬寮。除了髒與臭之外，土坑式廁所可以聽到薄牆之後豬隻嘓嘓搶食聲，甚至看到豬鼻在門縫下晃動的黑影，不得不去上廁所時，往往捏著鼻子，快去快回，害怕隔壁的豬幻化成巨大人身豬臉，如《西遊記》中戴僧帽、著僧衣，挺著大肚子、拿著九尺釘耙的豬八戒，突然出現在我面前。臺灣普遍有現代沖水馬桶是一九八〇年代之後的事，礦村的「人豬共生」景象也從此消失。

1 為了協助礦區興建單身或眷屬標準房舍，興建費用由石炭會分月扣還。臺灣鑛業史編纂委員會，《臺灣鑛業史》下冊，頁一五一六、一五一九、一五二一至一五二二。

2 臺灣鑛業史編纂委員會，《臺灣鑛業史》下冊，頁七七二。

3 李修瑋，《土城煤業興衰史》，頁一二四。

4 當時的工寮建築樣式都一樣，往往用數字來標示前後不同期、不同地點施工蓋的礦工宿舍群。

第六篇

家的危機

過去常聽媽媽數落進發（杜仔伯）的不是，在媽媽眼中，他顯然不是什麼正派人物，命令她做東做西，還會喝酒、應酬。在阿嬤房中，我第一次看到他的照片，長臉、鼻梁很挺，看來是一位精明幹練的男人。談起這段感情，阿嬤用溫柔的語氣說：「後來感覺錢趁傷少，沒法度（飼家），伊（進發）才講創一寡（tshòng-tsit-kuá）米予囡仔食好無？做伙鬥相共（tàu-sann-kāng）飼囡仔好無？」（後來覺得錢賺太少，沒辦法養家活口，他才說弄一些米給小孩吃好嗎？一起幫忙養小孩好嗎？）似乎是因為經濟因素，才迫不得已找個男人依靠，我問阿嬤他對妳好嗎？認識了幾十年，這個男人從來沒有罵過她、打過她，也沒有罵過小孩，默默地支撐著阿嬤的家。再追問下去，她總是笑著說：「就家己飼未飽才會揣人飼！」（就是自己養不活才會找人養！）

傳統社會中，不守貞的女人是對於父權社會的褻瀆，沒念過書的阿嬤在子孫面前謹守著女人的分際，當個好媽媽、好婆婆，為了家無止境燃燒自己的生命。但我從未真正瞭解阿嬤的感情世界。

13 家變

礦場是一個男多女少的環境，沒有男人保護的女性常常會受到男性騷擾。阿嬤長相秀麗，自然引來不少「豬哥」環繞，其中給阿嬤帶來最大困擾的是事務所的吳仔，他負責清點礦工的臺車數量，管理事務所內的庶務與坑外雜工，算是阿嬤的頂頭上司。坑外的選煤場大多數是女工，吳仔在礦場登錄運送臺車數量，成天穿梭在女礦工之間，喜歡動手動腳，吃吃豆腐。他已婚，和老婆感情不睦，偏偏老婆又是一個大醋桶，不時會來礦場大吵大鬧，覓死覓活，讓許多女工不堪其擾。由於阿嬤拒絕他的追求，吳仔刻意壓低她的薪資，工作上常藉故找麻煩，阿嬤幾次哀求要跟其他工人一樣調薪，他都說上面不會同意，暗示阿嬤得要給他一些好處。阿嬤左右為難，只好忍氣吞聲，盡自己本分工作。

進發收工之後不時會過來工寮繞繞，送米給阿嬤，有時還會帶些菸、酒給阿嬤與查某祖，讓她們有空時去坑口兜售，貼補家用。發工資日心血來潮時，進發還會給查某祖一點零用錢，因此查某祖對他很有好感。媽媽對這個男人的印象卻完全相反，為了阻止他下工後來工寮找阿嬷，晚上會刻意把工寮的籬笆門關起來，表示不歡迎，但是小小籬笆根本阻止不了他。

由於弟、妹陸續念書，家中開支日大，小學畢業之後，媽媽白天在事務所上班，幫忙挑炭燒水之外，成天想著要如何賺錢，減輕阿嬷的負擔。十七歲的媽媽竟然學大人，在事務所起了個五十元的會，湊到一筆錢，開始做小生意。她先去批枝仔冰來坑口賣，但往往還未賣完，冰就融化了。之後，又跑去萬華汕頭街批肥皂，挑著一箱超過十公斤重的肥皂，從媽祖田工寮走成福山越嶺古道，下到三峽成福的茶寮販賣，這段路程大約四．五公里、需爬升兩百公尺，很耗體力。

坑口有位經常來賣菸、電珠[1]的小販，對媽媽的印象不錯，想要介紹給他的兒子認識，經常到媽祖坑辦事處找媽媽閒聊，從他口中知道礦工常用的電珠一顆批六角，可以賣兩元，顯然比賣肥皂輕鬆。她就改去板橋批貨，在礦場賣些電珠、菸、酒，起初三個月生意不錯。不過，礦工習慣賒帳，到發薪日才會還錢，有時根本還不出來，最後反倒讓她賠了不少，才知道賺錢並沒有想像中容易。

後來，媽媽決定在礦場下班之後到板橋夜市擺攤，夜市營業到晚上十一點，一開始是跟其他人借腳踏車當交通工具，後來改搭板橋遠東紡織廠的交通車來回。在土城中央路下車之後，走回礦工宿舍大約還有一公里多的夜路，要先經過墓地。礦場是陰氣重的地方，傳說半夜鬼怪最多，不是聽到坑內有人說話，就是看到肢體殘缺的礦工排隊登上臺車。晚上聽到吹狗螺（tshue-káu-lê，狗的嚎叫）時，就是鬼怪要出來的時候，母親開始訴說她這段六十年前的靈異經驗……。

一如往常，自板橋夜市收攤回家，在媽祖田下車，從店仔口（tiàm-á-kháu，路旁的商店）步行回礦工宿舍，碰到阿明（爸的表弟），告訴她今晚很不平靜，勸她不要回宿舍，在店仔口住一晚比較安全。這條路自上小學以來，媽媽來來回回不知走了多少回，可沒這麼簡單被嚇唬。

她孤身一人經過墳地時，遠處不時傳來吹狗螺的聲音，突然覺得今晚陰風慘慘，地上的樹影搖晃，好像隨時可能有鬼魅出現。走到有應公前突然傳出異聲，她以為有鬼要出來了，嚇得拔腿狂奔，一口氣跑回工寮，深怕鬼魂跟來，拚命敲打阿嬤的房門，大喊「阿母！有鬼啦！」打開房門，看到柱仔伯就在房內，更加驚嚇，趕緊跑回自己的房間。

媽媽躺在床上翻來覆去，一直在想：「柱仔伯哪會佇阿母房間內？有應公真正有鬼出現嗎？」（柱仔伯怎麼會在媽媽房間裡？有應公廟真的有鬼嗎？）心中充滿各種疑問，根本睡不著覺。最後決定起身，壯起膽去探個究竟。回到有應公廟前，循聲仔細查看，才發現桌下躺了一個醉鬼，媽媽搖醒他，問他為何在此睡覺？他沒理會，翻了個身，繼續呼呼大睡。

第二天一早，媽媽跑去問阿嬷，為什麼柱仔伯會在她的房間內？阿嬷一時不知如何回答，於是又跑去問查某祖，沒想到她聽了一點也不生氣，反而對媽媽說：「妳阿母閣少年，她若是欲佮阿伯去，兄弟姊妹連我攏愛予妳飼！」（妳媽還年輕，她如果要跟柱仔伯走，兄弟姊妹跟我都要給妳養！）媽媽聽了，一時悲從中來，心裡想：「阿母真正無愛挃(bô ài tih)阮嗎？」（媽媽真的不要我們了嗎？）事隔多年，媽媽說起這段往事仍忍不住感到傷心，目睹阿公過世是她心中難以抹滅的創傷，阿嬷跟了另一個男人，隨時有可能棄家中弟妹不顧的想法盤旋不去，讓她一直焦慮不安。

自此，媽媽對進發一直充滿敵意，碰面時不但經常給他臉色看，甚至當著進發的面說：「你莫來阮兜，我阿母無佇厝，你轉去！」（你不要來我們家，我媽不在家，你回去！）

但日子還是照常過，阿嬤每天去燒水，大舅、大阿姨、小舅上學去，媽媽白天在事務所工作，晚上去夜市賣東西。

進發大阿嬤十八歲，他的小孩都已長大成人，他下工之後會回到頂埔的家吃晚飯，第二天再回到工寮。在礦場一片榮景下，礦工流動率也高，未能如期完工時，進發必須親自下坑趕工，所以有時會留在礦工宿舍過夜，後來留宿工寮的時間愈來愈長。住在工寮時，他經常把錢放在外套中，查某祖知道他口袋有錢，有時會去偷錢，進發也不聲張，似乎是故意留小錢給她花用，讓查某祖不好意思公開反對這段感情，看到他也客客氣氣。

進發在自己家中不苟言笑，有時會打小孩，像個嚴父，因此家中孩子都很怕他，但是對阿嬤的孩子卻很疼愛，像個慈父，每次發餉時，還會特別給小孩兩元零用金花用。偶爾要二舅出去割豬菜（ti-tshài）回來餵豬，每次出任務回來就給他一元，二舅玩得很開心，又有錢可以拿。但媽媽可不領這個情，她認定是柱仔伯搶走了阿嬤，有一回衝動地找他理論，老氣橫秋地放話：「若是欲阮媽，代誌愛解決，一個月欲予阮偌濟錢？」（如果要我媽，事情要解決，一個月要給多少錢？）進發一點也不以為忤，小孩念書要交學費、制服，經濟拮据時，會拿錢出來紓困。不過，進發自己家中小孩眾多，雖然做小頭的工資高於一般礦工，[2]但要養兩個家庭，負擔也不小。

阿嬤與進發之間的感情很快在礦場中傳了開來，一開始礦村有好事者想要做媒，賺個紅包禮金，主動代進發去向查某祖提親，但是都被她掃地出門。我想查某祖反對的理由應該是怕阿嬤一旦改嫁，就沒有義務再撫養她，以她的脾氣，實在難以和兒媳相處，所以一定要跟著阿嬤生活。媽媽經常和查某祖意見相左，但是在阿嬤再婚這件事上，卻難得意見一致，我問媽當初反對的理由，她說：「「阿伯（柱仔伯）愛啉酒，你兄我弟，閣會行酒家！」（阿伯愛喝酒，跟人稱兄道弟，還會上酒家！）」當時臺灣社會換帖會（uānn-thiap huē，結義兄弟宴）[3]風氣鼎盛，進發身為小頭難免需要交際應酬，與一些醫生、村莊頭人結拜。在媽媽的眼中，進發是一個酒鬼，養不了兩個家，除了認為阿嬤背叛阿公，更擔心阿嬤嫁過去之後會拋棄原來家庭，所以媽媽不但極力反對，甚至數度為此與阿嬤爭吵。

阿嬤是個逆來順受的人，絕對不敢違逆婆婆的意思，在查某祖極力反對下，阿嬤和進發只好繼續沒有名分的感情。或者她也顧慮子女的感受，又或者在她心中仍留了一個特殊的位置給阿公。進發的子女已經成年，也擔心父親再娶，會影響他們分家的權益。

顧慮雙方家人的想法，所以兩人就沒有再婚。在災變事故頻繁的礦場，出現許多有名無分的姻緣，不僅是由於當時民風保守，還要考慮家人想法或子女感受，不易再結連理。

阿公過世三年之後，阿嬤又懷孕了。媽媽逐漸意識到，不管她喜歡或不喜歡，柱仔伯已經是他們的家人了。吳仔追求阿嬤不成，到處散播假消息，造謠「三八雞」收仔說張桂肚中的小孩是他的種，想要挑撥阿嬤與進發的感情，同時讓阿嬤與媽媽母女感情失和。阿嬤是個性溫和的人，還是忍不住問媽媽說：「我對妳袂穤（bē-bái），妳為啥物欲按呢對待我？」（我對妳不錯，妳為什麼要這樣對我？）母親感到很委曲，急忙解釋，阿嬤聽完之後，知道是職員吳仔搞鬼，無可奈何，只能盡自己本分，默默地繼續在礦場工作。

1 電珠是一種小的電燈泡，是礦工下坑工作時的必需品。

2 一般礦工一個月薪資八百元，估計進發薪資大概約一千二百至一千八百元，視內外包的工作內容而定。依據二〇二二年八月二十七日鄧明龍的訪談，後來小頭每輛臺車可以抽〇・七元，月薪可達四千至五千元。

3 換帖是一種臺灣民間習俗，男性互相交換庚帖和相關家族資料，拜請關聖帝君作見證，每年會輪流舉行換帖宴會。

14 成家

阿嬤與進發的第一個兒子賢仔於一九六一年出生，兩年之後第二個孩子金仔降臨，從一家六口變成八口。雖然進發與阿嬤無法結婚，兩人曾經商量，希望撮合媽媽與進發三兒子明龍，二阿姨麗燕與五兒子明川結婚，讓兩家可以親上加親。明龍在海山建安坑當職員，媽媽和他從小認識，只有兄妹之情，麗燕與明發也不來電。或許是看到父母之間沒有愛情的不幸婚姻，阿嬤對於子女的婚姻採取開放的態度，並未勉強他們選擇伴侶。

自由戀愛時代真的來臨了。媽媽後來在夜市認識爸爸，他是三峽橫溪人，大媽媽九歲，也在夜市賣東西。媽媽二十一歲結婚，婚後搬到臺北，開始做起鈕扣生意。麗燕阿姨小學畢業之後，也到附近小紡織廠工作，貼補家用，與紡織廠小開阿富談戀愛，同樣在二十一歲結婚，由於夫家經濟較為寬裕，阿姨不時拿錢接濟娘家。

為了在臺北立足，爸媽決定咬牙在萬華買下第一間破舊矮房，需要資金十八萬元。

標會之後，到處東支西借，就差兩萬元，媽媽迫不得已求助娘家。阿嬤二話不說，從阿公的遺像後面拿出預先領出的撫卹金，幫媽湊足錢買了第一間「起家厝」。媽媽說起這段往事仍淚流不止：「彼是阿公的生命錢啊！」目睹阿公礦災過世是媽媽一輩子的創傷，她永遠忘不了那個曾經抱她、疼她，牽著她的手、揹著她走過龍泉溪小路的父親。阿公的忌日是農曆五月初九，已經過了半世紀，每年阿公忌日時，媽媽總是會準備祭品拜祭。原來人類的情感記憶可以這麼深遠，延續這麼久。

不過，阿公的生命錢並沒有使我們在臺北安定下來，萬華車站到龍山寺捷運站之間因都市計畫開闢道路，才住沒多久，爸、媽好不容易買下的房子被政府強制徵收，只能拿著微薄的補償金，帶著小孩開始無殼蝸牛的遷居生活，每隔一年半載，不是付不起房租，就是被房東以另有他用為由趕走。

爸、媽婚後六年生了五個小孩，那時媽媽要做生意，又要照顧孩子，已經不是辛苦兩字可以形容。五個小孩每天吵吵鬧鬧，媽媽喊也喊不動，打也打不怕，尤其我小時候特別調皮，每天和鄰居小孩玩，總被左鄰右舍告狀，說我欺負別家小孩，回家免不了吃一頓「竹筍炒肉絲」。[1]

有一陣子，租屋的隔壁正好是製香鋪，店家在街道上將竹枝撒上楠粉，進行掄香，將一大把香在手中逐一展開，使香粉可以均勻地附著在每枝香上，再晾曬在街頭的木架上，過程會有不少灰塵飛揚，我們每天都被香薰得灰頭土臉，看來像是礦場的小孩。媽媽回憶說有一天，她被我們吵到受不了，氣到把嚎啕大哭的四妹掃到畚斗上，打算讓垃圾車運走。後來看到她自己爬出畚斗，坐在地上，一身髒兮兮，臉上一把眼淚、一把鼻涕，頓覺不捨，把她攬在懷裡，母女一齊哭。

經過不斷搬遷，最後爸媽好不容易找到一個落腳處，這回是和其他三戶共同承租一間艋舺長屋，三進的老屋以板材隔成兩半，右半邊比較小，前店後住，後進有一個女人帶三個小孩居住；左半邊有完整的三進，我家租了前店與第三進的日式通鋪，第二進是黑手周家的工作坊，整面牆掛著他的家私（ke-si，器具），牆面畫著不同形狀的器具外型，再釘上一根鐵釘，便於按圖收掛。周先生每天敲敲打打，有時還會戴上面具焊接，火花四射，每次經過時都擔心會被灼傷。不知道是否為了蓋過工作噪音，周太太喜歡把臺語歌放得很大聲，記憶中沒了黑手勞動刺耳聲，反而是「身穿花紅長洋裝，風吹金髮思情郎……」餘音環繞的〈安平追想曲〉。

周家也有四個小孩，比我們年紀大，住在同一屋簷下，成了九個小孩的大家庭。我們一家七口擠在一個日式房間內，吃、睡都在斗室之中，床下還住著幾窩老鼠，隨時覬覦著我們吃剩的食物。國小寫作業時就把床角落的和室桌搬出來，放在走道上。人一安靜下來之後，老鼠就會跑出來，一隻接著一隻偷偷地前進。媽媽特別吩咐我不可以趕「錢鼠」，否則就會散財。錢鼠是一種嘴尖尖、體型小一號的老鼠，長得算可愛，一群跑過去會吱吱吱地叫，不知是壯膽還是警告？無聊的小學作業經常是在錢鼠的叫聲中完成。

突然覺得礦工很像被礦場豢養的錢鼠，活在暗無天日的地底，會為礦主帶財，只要施捨他們一點家庭廚餘，經濟好時吃香喝辣，不好時也只好挨餓、逃離。但千萬不能打死他們。

一九八〇年代是萬華成衣業的黃金時期，大理街的批發業盛行，因為鐵道運輸方便，各個市場的小販坐火車來萬華批貨回去販賣。爸媽白天要應付絡繹不絕的小販，晚上得去五分埔批貨，雖說是批，其實是拿錢去搶貨，經常得等到晚上十一、十二點，才能等到當天生產的貨品。爸媽白天工作了一整天，還得分身去五分埔搶貨、打包寄送給客人，每天都忙到凌晨才能休息。由於貨源不足，爸爸只好轉向中、南部的工廠叫貨，一有空就去「下港」（ē-káng，中南部）找小工廠，請他們寄貨來臺北賣。

隨著臺灣經濟起飛，那時不僅全臺各地的小販會坐火車來萬華看貨、批貨，還有香港、韓國、東南亞的國外散客，一開始媽媽只能與他們比手畫腳，拿出計算機按數字，做久了之後，不識英文的媽媽竟然連廣東話、英語都能琅琅上口。那時正好周家買了新房子搬走，原來第二進的空間也被我們承租下來，終於不必和陌生人擠在同一個屋簷下。

我童年印象中的鐵道不是礦場的臺車道，而是真的鐵道。有時小販趕火車，媽媽常叫我幫忙他們搬貨到萬華火車站，那時「艋舺驛」還沒有拆，舊火車站興建於一九一八年（大正七年），是一棟木造「唐破風」式建築，[2]急斜式的黑瓦屋頂，綠色立面，配上橢圓形窗戶，十分好看。車站東側是貨運入口，鐵欄杆的寬度不一，我的身體正好可以從杆距較寬處通過，不需買票就可以直接進入月臺，萬華車站月臺就成了我兒時的遊樂場。

那是鐵道運輸的年代，看著人們匆匆忙忙，火車來來去去，鐵道地下化之後，火車身影也消失在都市景觀中。臺鐵最後一座唐破風車站終究還是敵不過開發的壓力，於一九八六年拆除，取而代之的是與站體共構的雙子星大樓。

家庭經濟轉危為安，在我國中一年級時，爸媽終於買了自己的房子，搬離那個大雜院，家中五個小孩共有一間兒童房，高中時又換了更大的房子，五個小孩擁有兩間房，每一次換屋就代表家庭經濟狀況再升一級。

家中的批發生意漸有起色，媽媽不但連本帶利還清向阿嬤借的錢，連向大頭伯借的一千五百元債務也連帶償還。只要娘家有需要，能力所及，媽媽必然傾囊相助，媽媽與阿嬤生死與共的情感，連帶地對舅舅特別照顧，看在爸的眼中，對於夫家卻是無法容忍的「背叛」，這似乎是幼時父母感情失和的主因。然而，隨著政府能源政策的改變，煤業生產進入衰退期，因為媽祖坑關閉，礦工被迫拆屋還地，阿嬤一家陷入另一個親人生離死別、貧病、失業的困境。

1　指用竹棍打小孩，俗稱「竹筍炒肉絲」。

2　唐破風（からはふ）為日本特有的建築技法，特色為正門屋檐裝飾呈兩側凹陷，中間拱起半弧形，類似遮雨棚，在日本傳統建築中常見於寺社、城郭等建築的正門或者側窗上方。

15 親歿

迎生的喜悅與送死的哀傷，是阿嬤生命中接踵不斷的試煉。甫上小學的三舅賢仔突然在上學路上跌倒，血流不止，送到板橋就醫，醫生說小孩怪怪的，建議轉去臺北的大醫院檢查。阿嬤與進發商量之後送到臺北馬偕，住院一星期沒有起色，又轉到臺大醫院，醫生檢查之後說是白血病。阿嬤回憶說：「去臺大蹛個外月，一直大摳（tuā-khoo）、一直腫起來，尾手（bué-tshiú）轉來，提藥一直食。」（去臺大醫院住一個多月，一直變胖、一直腫起來，最後回家，拿藥一直吃。）

賢仔從醫院回來之後很開心，但發現自己一直胖起來，形容自己：「好像王哥！」[1]他是進發與阿嬤的第一個小孩，也是進發最疼愛的孩子，不管去哪裡幾乎都帶他同行，他得病之後，進發更是形影不離地帶著他到處去玩，一起去參加換帖會。二舅說到他小時候也想跟著柱仔伯去參加換帖會，哭鬧多回也只跟過一次。進發的兒子明川當兵時，也帶賢仔一起送行到臺中成功嶺，那時坐一趟公路局出礦村就算出門遊玩了。

在家休養一年後，賢仔還是沒有好轉，阿嬤自己的身體狀況也不好，只好叫尚未出嫁的媽媽帶賢仔去臺北看醫生，為此媽還曾被人誤會是賢仔的小媽媽，害她被眾人取笑。賢仔不喜歡看醫生，進行脊髓穿刺抽血很痛，哭鬧著說：「阿母，我毋（m̄，不要）啦！」阿嬤也跟著他哭，她永遠記得賢仔走時的情形：「彼一工早起伊講頭足毋爽快（sóng-khuài），一直愛我偝，我偝伊撥塗炭……塗炭較重，我講等塗炭挑好，才過來偝你……伊就按呢倒矣……彼一晚到半暝，個老爸講欲閣去病院無？今仔（tann-á）入去醫生館就死矣。」（那一天早上他說頭很不舒服，一直要我揹，我揹他撥煤炭……煤炭比較重，我說等煤炭挑好，再過來揹你……他就這樣倒下去了……那天晚上到半夜，他爸爸說要不要再去醫院？剛剛進去醫院就死了。）臨終之前，進發請來頂埔街上的照相館師傅過來，為賢仔拍遺照，他是家中留下最多照片的孩子。

一九六八年，賢仔九歲過世，阿嬤傷心欲絕，原來的氣喘更加嚴重，經常送急診。進發更珍惜與阿嬤相處的時間，有空就帶她去烏來探親，化解她的喪子之痛。

賢仔才剛過世沒多久，一直幫忙洗衣、煮飯的查某祖也中風了，照護重擔又落在阿嬤身上。頭三年查某祖還能起身幫忙升火，但已經無法承擔洗衣工作，不論酷暑寒冬，一家大小的衣物都是在溪邊洗滌，洗衣是一個沉重的壓力，冬天往往洗到手指凍裂，查某祖病倒之後，洗衣工作就落在阿嬤身上。

一九七〇年十二月，阿嬤與進發的第三個小孩出生，是個女孩，取名麗鳳，那時阿嬤四十三歲，進發已經六十一歲，無力工作。媽媽已經出嫁，大舅抽中「金馬獎」，須入伍當兵三年，阿姨才十五歲、二舅十一歲，四舅七歲，家中實在沒有能力再多養一個小孩，再怎麼不捨，也只好把麗鳳送給同住宿舍的天車工陳明德當媳婦仔，報戶口時改姓陳。陳家在頂埔有不少土地，為人忠厚老實，又同住工寮，每天都看得到，長大之後如果與陳家慶仔配對，可能會是好姻緣，阿嬤只能這樣安慰自己，以減少送養女兒的愧疚感。

沒多久，查某祖第二次中風，已經無法自由行動，只能坐在床上。在工寮房中起身如廁不便，阿嬤又整天在外工作，只好用破棉被、草席墊在床上，讓她便溺，待阿嬤下工回來再換洗，由於家中只有兩件破被輪替，所以幾乎每天都要清洗，洗完之後送去風車間風乾，依然臭氣四溢，工寮中人口眾多，由於潮溼與通風不良，終日瀰漫一股惡臭，住戶無可奈何，只好將就忍耐。查某祖想要如廁時叫不到人來幫忙，只能不停地叫罵，大家更加不敢接近她。有時她會將尿巾包著排泄物，丟到鄰床的床下（工寮的床相鄰底下透空），或者是用吃飯的碗來接排遺，再丟出房間之外。阿嬷在外工作一天回來之後，在婆婆的咒罵聲中，得先清理一房子穢物，還得爬到鄰床下，找出被丟棄的排泄布巾清洗。她默默地承受，既不回嘴，也無怨言。

查某祖最後一年臥床，那時再也沒有力氣罵人了，阿嬷忙著工作，沒有人整天服侍在側，為她及時翻身拍背，導致背部褥瘡，皮膚潰瘍壞死。一九七三年某個酷暑日，查某祖終於解脫了，阿嬷也放下八年的照護重擔。

進發深知阿嬷一路走來的辛苦，安慰她說：「做甲欲死，去佗位走走咧……」（做得要死，去哪裡走走……）他帶阿嬷離開礦場，走出陰鬱潮溼的工寮，看看燦爛的陽光。有一次，他帶阿嬷到高雄港，買了船票要去澎湖玩，但由於風浪太大，在港邊等了又等，船班停駛，只好作罷，他跟阿嬷說：「我若後擺（āu-pái）沒法度悉（tshuā）妳去，有人招妳就綴佪去！」（我如果下次沒辦法帶妳去，有人在邀妳就跟他們去！）那時進發塵肺病發作，身體狀況每下愈況，意識到自己沒辦法一直陪伴阿嬷了。

1　王哥是一九五九年電影《王哥柳哥遊臺灣》中的人物，是一個體重過重的胖子，該片由李行、田豐及張方霞等聯合導演。

16 轉業

大舅壽仔有個酒窩，小時候長得討喜可愛，長大成為大帥哥。他從小跟著父親出入換帖會，受到許多叔伯的疼愛，由於是長孫，很會跟查某祖花言巧語，不但得寵，也是唯一可以從查某祖討到零用錢的金孫。媽媽、阿姨、二舅都是小學一畢業就去工作，但是大舅小學畢業後卻考上板中，是村中第一位考上初中的「狀元」，左鄰右舍都公認他是媽祖田最會讀書、最聰明的小孩。沒想到念書時迷上布袋戲，經常蹺課，初中念了四年才畢業。

阿嬤對於無法培養小孩好好念書，感到很內疚，她無奈地說：「趁（thàn）十塊欲買米抑是買鹽？所以囡仔沒法度讀冊。」（賺十元要買米還是買鹽？所以小孩沒辦法讀書。）阿嬤深知礦工危險，不願小孩再進入礦坑工作，大舅初中畢業之後就要他離開礦村，去外地當學徒。

大舅和三、四個礦坑長大的同村友人一起去臺北學水電，但是沒多久就做不下去，在都市中生活開支大，賺的錢往往不夠花，經常找媽媽借錢。大舅荒誕的行徑看在爸爸眼中當然難以接受，知道媽媽經常拿錢資助他，兩人又大吵一番。媽媽決定借大舅最後一筆五十元車錢（當時公車一段為一．五元），要他回媽祖田好好工作，沒想到他又和朋友吃喝玩樂花掉，又來向媽媽商借回家的路費，這次母親鐵了心，不再借他，他只好厚著臉皮搭霸王車回家。

回到媽祖田之後，進發教大舅壽仔如何做改修（gái-siu，整修坑道），安排他進入媽祖坑工作，阿嬤百般無奈，沒辦法阻止，十七歲的他未達合法入坑工作年齡，也步上父親的腳步，[1]進入媽祖坑工作。

大舅選擇當礦工的主要原因是工時短、薪水高、[2]時間彈性自由，再加上公司提供住宿以及各種休閒娛樂設施，雖然工作危險卻有吸引力。不過，才跟著進發做了一年多改修，大舅就不願意再擔任他的二手，他覺得進發工作太認真，在改修時會要求他把相思木支架周邊有鬆動跡象的土石都清光，再重新「架牛牢」（ge gu-iau，支撐工程），避免落磐意外發生，這樣的施作就需要重新測量、鋸木頭，大舅覺得麻煩，曾經抱怨說：「阿伯做事上頂真（siunn tíng-tsin），佮伊做賺無食！」（阿伯做事太認真，跟他做事賺不到錢！）因此，在學會基本的改修技術之後，大舅找了另外的搭擋自立門戶，進發也無可奈何。

自從大舅進入坑內工作，家中總算多了一個可以幫忙養家活口的男人，不過，三年後他隨即抽中金馬獎，去金門當了三年兵。退伍之後，阿嬤希望他改行，因此跑了一段日子卡車貨運。之後，在國中同學介紹下認識了麗華，兩人情投意合，很快論及婚嫁。大舅媽來自南投魚池農家，家境清寒，所以雙方聘金、嫁妝兩免，簡單完成婚嫁。

媽祖坑的礦源日益減少，已經是夕陽產業，阿嬤希望大舅婚後轉業。大舅跟著鄰居川仔做辦桌。在臺灣錢淹腳目的一九九〇年代，一度流行露天酒席，不論是婚喪喜慶，或是廟會選舉，餐飲市場十分興旺，媽祖田有不少農民或礦工兼職或轉業，小小的媽祖田就出三位有名的總鋪師。[3]但是大舅耐不住辦桌的辛苦，才做了一年，又跑去海一礦場當礦工。

二舅松瀛在小學畢業之後，和同村的清江兩人一起到臺北學修機車，不久在板橋文化路租了一間店面，兩人合開機車行。不過，由於兩人太過老實，客人上門來修車時，盡可能幫客人調整故障零件，收取修理工錢，不懂得更換新的零件，賺取更高利潤，做沒多久就開始入不敷出，最後不得不停業。接著他轉來我家幫忙批發生意，一直到當兵前都和我們住在一起。

二舅退伍回來之後，改行做貨車司機，不久，和同住工寮、青梅竹馬的天車工之女素嬌結婚，礦工職員宿舍再也擠不下兩位舅舅的新家庭。

為了幫兒子成家立業，阿嬤計劃要買房子，希望兩位舅舅在結婚之後穩定工作，搬離礦場。阿嬤和大舅媽麗華一有空就到處去看房，原本大舅媽建議搬去鶯歌，那邊工廠林立，工作機會比較多，房價便宜，如果能重回紡織廠工作，收入比阿嬤坑內燒水工資高得多，但是鶯歌離海山礦場太遠，礦場工作是全家賴以維生的經濟來源，可不能輕易放棄，只好作罷。

當時臺灣正進入工業化年代，大批鄉村移民進入城市，土城工業區附近新建住宅房市正旺，即使是未完成的建案，都有人排隊要買。臺灣多數的工廠並未提供員工宿舍，大量農地變更成為住宅，房價已經漲翻天，一般勞工根本買不起。阿嬤和大舅媽看來看去，最後找到土城工業區邊緣的預售屋，鄰近媽祖田，[4]阿嬤也希望留在土生土長的故鄉，最後由大舅拍板定案，選擇土城中央路四段富貴城社區，一方面隨工程進度付款，不必一下子拿出巨額現金，一方面離媽祖坑比較近，正好位於原來媽祖坑崁埕附近。三房兩廳，總價八十五萬元，還是毛胚屋，地板未鋪，牆面未刷，阿嬤一咬牙就訂下來，大舅媽先拿出五萬元當訂金，其餘向銀行貸款，那是高利年代，利息是二位數。

由於首購自備款不足，標會、四處借貸，還湊不出頭期款十九餘萬，阿嬤只好提早五年辦勞保退休。那時海山的勞保承辦人員曾勸阿嬤不要提早退休，將來退休金可以領到百萬元，但是因為購屋需要，阿嬤還是辦了退休，只領到十多萬。

阿嬤與進發的子女還小，再加上大舅的兩個幼子嗷嗷待哺，買房的貸款、會錢，全家經濟再次陷入窘境。由於二十年貸款的銀行利息較高，大舅決定向他的「換帖兄弟」跟會，[5]拿會錢來還銀行貸款，大舅口中的換帖兄弟多數只是酒肉朋友，經常一起吃喝嫖賭。阿嬤與大舅媽雖然不信任大舅的朋友，但是在父權社會「出嫁從夫、夫死從子」的傳統觀念下，家中經濟大事還是由大舅作主。

果不其然，阿嬤被大舅的兄弟倒了兩個會，每月須支付一萬五千元的會錢。大舅與大舅媽商量，一度想要一走了之，舉家跑去舅媽南投魚池娘家躲債。不過，想想債務最終會落在阿嬤肩頭，還是決定留下來努力工作還錢。倒會在礦村是每隔一段時間就會上演的日常戲碼，當時礦工收入不錯，但工作風險高，勞動條件不佳，來礦場工作者經常只是季節性移工，流動率大，有借不還是常態，因此經常出現為家人背債，甚至被親朋好友倒債尋短的悲劇。

在柴米油鹽的壓力下，阿嬤與大舅媽婆媳兩人迫於現實，每天量入為出，想盡各種方法賺錢。大舅媽決定白天代替阿嬤在礦場的燒水工作，一邊在礦場帶小孩，晚上再去附近的床墊工廠當車工，補貼家用。大舅媽接手阿嬤的燒水工作時，不需要再用人力辛苦挑煤了，直接有臺車可到，阿嬤把輕鬆的工作留給媳婦，自己出外到處尋找工作機會，最辛苦的勞力活自己一肩承擔。

一開始阿嬤先在村中幫忙採收竹子，成綑的竹子又長又重，瘦小的她無法負荷這樣粗重的工作。之後村中有人蓋房子，阿嬤跑去充當挑磚、泥的臨時工人，有了營建經驗，知道外面建築業很缺工，收入也很高，五十歲的阿嬤轉出礦場，到工地去當水泥工。

一九八〇年代中期臺灣股市上萬點，房地產景氣飆升，營建業缺工嚴重，即使沒有經驗，也很容易找到事做。住在頂埔的秀卿來招工地小工，為了多賺一點錢，阿嬤每天早上八點上工，做到下午五點收工，一天的薪資二十至三十多元，已經是礦場燒水薪資的兩倍。不過，建築工地的風險可不亞於礦坑，阿嬤回憶剛進入營建業的一次意外：「水櫃啊漏啦！去抹（buah）水櫃……暗暗，落去有電，提佇手頭彼葩火有電，跳到手頭，好佳哉師傅共開關關起來，若是跋落去就電死！」（水櫃漏水，用水泥去塗……暗暗的，下去有電，拿在手上那盞燈有電，跳到手上，幸好師傅把開關關起來，如果跌下去就電死！）

從來沒在工地做過事的她，後來又陸續在工地挑磚頭、石塊，她說：「像阮這个矮厝黏的，愛擔土、擔紅毛塗，抐做伙，攏愛擔。跖（peh）樓梯，一手扶扁擔，一手扶（樓梯）握手，跖……彼時陣足艱苦……囡仔讀冊、衫啦、鞋啦攏愛錢！不得已。」（像我們這個矮房子黏的，要扛土、扛水泥，攪在一起，都要扛。爬樓梯，一手扶扁擔，一手扶樓梯把手，爬……那時候很辛苦……小孩子讀書、衣服、鞋子都要錢！不得已。）原本有懼高症的阿嬤每天必須在鷹架上上下下，來來回回，只能咬緊牙關苦撐。有一次在鷹架吊土時，阿嬤沒注意到重物甩動的角度，不小心被鋼索打到臉，當場血流如注，緊急送去三峽醫院縫了三針，幸好她沒有從鷹架上摔落地面。

隨著房市愈來愈旺，樓也愈蓋愈高，阿嬤從四、五層樓一直挑到十層樓高，從土城、三峽，跑到新莊、三重，哪裡有工作就逐工作而遷移，成了都市工地中的游牧族。從地底五百公尺不見天日的礦坑，到烈日高掛的三百公尺大樓鷹架，阿嬤瘦小的身影扛起了全家大小生計的千斤重擔。這五、六年間是阿嬤一輩子勞動最累的時期，但工地收入也改善了家中經濟。

坐公車時，阿嬤看到新北市的高樓，都會指著建築說：「遮棟是我起的，彼棟嘛是我起的……。」（這棟是我蓋的，那棟也是我蓋的。）我以為阿嬤只是在礦場工作，沒想到阿嬤會糊水泥，還曾跑到新莊蓋廠房，就連阿嬤購入公寓家裡的牆面、地板裝修都是她自己動手做的。我不知道她哪來的力氣可以承擔這麼多工作？看到阿嬤的手指扭曲變形，她說：「挑土予人寄（gîn），咱無夠力，攏會去拗到、傷到！」（別人傳土，我不夠力，都會去折到、受傷！）問她那時候有沒有治療？她回應：「彼時嘛無弄，膏藥貼貼咧，嘛無去糊（kôo），嘛無予人推，就變按呢……碇硞硞（tīng-khok-khok）。」（那時也沒有處理，藥膏貼一貼，沒有敷藥，也沒有讓人推拿，就變成這樣……硬梆梆。）長期的體力勞動讓阿嬤身體銘刻不少傷痕，膝蓋也不行了，她很感慨地說：「一世人攏咧做工，大工、小工攏做！」（一輩子都在勞動，大大小小的工作都做！）

一九八五年媽祖坑因小型災變停工，阿嬤未雨籌謀買的預售公寓交屋入住，一家人終於離開礦村，這次才算擁有自己真正的家。

1 依《勞工保險法》規定，當時要滿十八歲才能投保。

2 以一九八〇年的薪資來看，礦工日薪約為一般工商服務業員工的一．五倍，掘進工與採煤工每天的收入大約是一千至一千二百元，以工作二十天計算，月薪大約在一．五至二萬元之間，是吸引許多低學歷者進入的主因。

3 呂惠美，〈善緣牽引媽祖田〉，收錄於《觀音媽祖護祖田》，頁一三一至一三五。

4 一九七二年，距海山礦場兩公里左右的土城工業區擴大工程完工，面積一〇七公頃，較新竹科學園區的設立早五年，吸引不少新興電子產業入駐，其中最知名的廠商為鴻海精密工業股份有限公司，是臺灣傳統產業轉向高科技產業的重要關鍵。

5 互助會是臺灣民間社會融資借貸的方法，發起人稱為「發起會員」（會頭），參加互助會的人則為「一般會員」（會腳），首期籌款歸會頭所有，每月進行一次競標，會頭負責召集每期聚會、收取會錢，會頭將當期所收的會錢交給出價最高者，得標者即為「死會」，之後只能按時繳交會費，其他會員則為「活會」，可以坐收利差，如有成員違約未繳納會錢，會頭須先行墊付。互助會成員多半相互熟識，不需銀行正式的抵押信貸，即可取得小額資金或更高利息，但如果有會頭或死會者不繳會費，即為倒會。

17 死別

長期以來，進發為了養活兩個家庭，經常做「連番」(連續加班)，每天早上四點半出門，工作到中午，吃過中餐之後，再接下午班持續工作到傍晚，下工之後回到頂埔的家看望一下，與兒女一起吃過晚飯後，又騎車回到工寮睡覺。進發進入礦坑工作超過三十年，不但體力已經難以負荷礦場勞動，肺部長期吸入粉塵，早就病入膏肓，連走路都感到呼吸困難。

阿嬤說到進發的病因：「食砂傷多，肺病，做礦的，砂攏會走到肺，愈打拚做，食愈多，愈緊死。砂攏一直屯(tūn)起來，攏伫肺內。」(吃太多砂，肺病，當礦工的，砂都會跑到肺裡，愈勤奮工作，吃愈多，愈快死。砂一直堆積起來，都在肺裡面。)在礦坑工作的人都知道「砂肺」，做礦的人X光片照出來，肺部都是白霧一片。臺灣礦界流行一種說法：「入坑死一人，毋入死全家。」對於許多礦工家庭而言，為了養家活口，不得不賭命工作。

進發在礦坑工作一輩子，目睹其他礦工發病離去的病程，在自身開始出現病症之後，決定主動離開阿嬤，藉口住在頂埔看醫生比較方便，要回自己的家住。阿嬤不捨地說：「伊人真好，破病 (p'uaʟ-pẽ) 毋捌 (m̄ bat) 拖累我，腳袂行，袂曉趁錢就轉去頂埔。」（他人很好，生病未曾拖累我，腳不能走，沒辦法賺錢就回頂埔。）

臺灣社會過去醫藥常識不足，有些人誤以為塵肺病像肺癆（肺結核）一樣會傳染，因此許多人都不敢靠近，連家人也可能因為害怕傳染而與之隔離，因此，一些塵肺病礦工人生最後一程竟無人相送離開。

進發在頂埔有兩間房子，家中的雜貨店生意不錯，家境算是寬裕。原本他打算留一間房子給自己的小孩，一間房子給阿嬤一家。不過，進發的兒子會帶一些酒肉朋友一起喝酒、抽菸，進貨商品往往還沒賣出，就被兒子的狐群狗黨消耗殆盡，進發不斷向上游廠商借貸，補貨之後又被吃盡，債臺高築，最後不得不賣掉一間房子還錢，無法留一間房子給阿嬤成了他心中永遠的遺憾。後來，進發又向林本源家族租了一塊地，按時繳納租金，想要留塊地給小舅金仔，長大以後可以蓋房子，但是後來林家要收回，阿嬤也沒有餘錢買下，只好解約還地。

進發和兒子、媳婦一起住。兒媳賣菜維生，媳婦的父母也被接來同住，一家人在屋子的第一進生活。進發病發之後，引發肺結核，家人以為具有傳染力，因此讓進發在後進房間獨自一個人生活。兒子與媳婦兩人一聽到進發咳嗽就趕緊避開，用餐時間將飯菜端到桌上，進發必須掙扎起身吃飯，自行收拾碗筷。

一九九九至二〇一七年之間，礦工塵肺病職災案件達四七六三件。二〇〇〇年，楊錫欽等人的研究報告顯示，塵肺病的患者以坑內的風鑽工比例最高，占三分之一，但坑外的煤塊篩選工也占一七%，罹病工人平均年齡六十七・五歲，平均工作年資三十三・七年，平均離職年數十四・五年。

參考資料：
- 《勞工保險條例》，見全國法規資料入口網，http://law.moj.gov.tw/。
- 林宜平，〈煤礦工矽肺症的地方知識、科學研究與健康照護：公共衛生的視角〉（臺灣大學公共衛生學院衛生政策與管理研究所博士論文，二〇〇四），頁四四、七七至七九。
- 鄭雅文、陳宗延，〈臺灣職業傷病的樣貌〉，臺灣職業安全健康連線，二〇一八年九月二十日，https://oshlink.org.tw/about/issue/compensation/294。
- 楊錫欽、李統立、楊思標、盧國輝，〈罹患塵肺症之離職退休煤礦工的族群特徵〉，《中華職業醫學雜誌》第七卷第三期（二〇〇〇年七月），頁一二三至一二八。

塵肺病

塵肺病，又稱矽肺病或黑肺病，是一種「在粉塵作業場所工作之職業，因長期吸入粉塵，致肺臟發生纖維增殖性變化，以此變化為主體之疾病」。塵肺病主要是因礦物性粉塵所致，後來也包含因化學煙霧或蒸氣所致的肺部病變。病因來自長期吸入含有游離的二氧化矽粉塵，由於肺中的巨噬細胞無法分解二氧化矽，因而導致巨噬細胞死亡，釋放所吞噬之粉塵，惡性循環造成更多細胞受損。此病亦容易引發肺結核、支氣管炎、慢性阻塞性肺部病變，甚至會造成腎臟病變。

塵肺病是一種慢性疾病，早期無症狀，僅有輕微氣促、氣喘，患者通常不易察覺，漸漸出現咳嗽、呼吸困難，隨病情惡化，會有全身倦怠、衰弱、貧血，有許多礦工直到退休或老年時，才發現自己罹患塵肺病。塵肺病病人在末期因為肺纖維化而痛苦異常，由於血氧濃度不足，漸漸出現咳嗽、呼吸困難、肺高壓併心肺症、肺結核感染等情形。肺部傷害屬不可逆，無法治癒，只能靠氧氣輔助生存，最後會因呼吸衰竭而死。大多數礦工都在六十多歲發病，嚴重者大約一年半載內就會身亡。

礦工是塵肺病的高危險群，礦坑裡空氣不佳，挖鑿煤層或爆破岩石時往往會造成大量煤塵與石塵飛揚，吸入肺中之後會造成嚴重傷害。自一九五二年臺大醫師楊思標確認臺灣首例塵肺病案例以來，勞工職業病的議題幾乎環繞著礦工開展。一九七八至一九八八年間，礦工累計接受檢查人數八萬一六五六人，其中塵肺病患者五二一四人，盛行率平均為六・四%，礦工塵肺病盛行率在一九八八年最高，曾達二〇・二%，平均五位煤礦工人就有一人染病。

有鑑於礦工是塵肺病的高危險群，國防醫學院醫師李宣果曾建議嚴格限制風鑽工在坑內工作每日不得超過四小時 。在現實上，日治以來礦場即採包工制，做石的工人以尺計量，做炭的工人以臺車數計算薪資，家庭負擔沉重的礦工為了養家活口，不得不增加工作時間。隨著煤層的深入，挖到炭礦的難度提高，礦工被迫增加工時來彌補收入的不足。

依鄭雅文與陳宗延的研究，

阿嬤一有空就會去頂埔探望進發，但是只能眼睜睜地看著他孤獨承受病痛的折磨。臥病兩年，進發咳得厲害時，只能含龍角散壓住。塵肺病的藥很貴，每上一次醫院就得花大錢，進發沒有錢，也找不到人送他就醫。有一次，他開口向兒媳要錢就醫，媳婦丟給他一袋賣菜的零錢，要他自己想辦法。

由於三餐不繼，長期營養不良，進發身體每況愈下。有一天他湊足了二十元，向結拜兄弟豬肉丁買了一小塊三層肉，自己烹煮，增加一點脂肪與蛋白質，或許這是他臥病後最豐盛的一餐。

他知道自己時日不多，走路已經喘不過氣來，還是拖著病軀，特地跑去臺北找我媽，要她代為管教、勸導大舅，不要讓阿嬤那麼辛苦。他向媽媽說：「愛壽仔莫啉到暗呢，阿伯就是上好的證明，今仔日才會遮呢落魄！」（要松壽不要喝到這樣，阿伯就是最好的證明，今天才會這麼落魄！）媽媽過去雖然和他水火不容，但是看到他特地跑來臺北，拜託她「姊代母職」，好好管教荒唐的大舅，於心不忍，拿了五百元給他，看著他咳嗽、步履蹣跚離去，那是她最後一次看到柱仔伯了。

一九七五年二月某個夜晚，電視正在播出連續劇《保鑣》，進發咳嗽不止，從床上掙扎坐起，跌落床下，靠著床沿，吐了一大口鮮血。他的兒媳後來發現進發已經斷氣，驚嚇不已，不知如何是好。一直到半夜兩、三點，才派人到工寮通知阿嬤進發已經走了。阿嬤匆忙跑到頂埔，煎了一顆荷包蛋覆在進發口中，據說人斷氣後嘴巴會張開，煎蛋可以避免病蟲散發危害，之後再為進發淨身、更衣，處理後事。

事後，進發的兒子、媳婦十分恐懼，深怕進發死後陰魂不散，兩人都不敢單獨在家。阿嬤下工之後在工寮為孩子準備好晚餐，吃過飯後就到頂埔進發家中守靈，一直到凌晨四點，再走回工寮，為小孩準備早餐，之後再出門去做粗工。工寮距離頂埔至少兩公里多的路程，整整一個月來回奔波。之後，阿嬤還特地燒香勸進發說：「囡仔人毋捌代誌，過去的代誌就過去矣，莫予個著驚！」（小孩不懂事，過去的事就過去了，不要讓他們驚嚇！）進發兒媳的生活才慢慢恢復平靜。

在進發生病期間，阿嬤將燒水工作託給大舅媽，在村內的工地兼差做小工，挑磚頭、水泥，忙著賺錢養家，再加上那時查某祖也臥病在床，實在無餘力再照顧進發。阿嬤提起這段往事，仍不捨地說：「做甲瘦卑巴，做甲行袂去，才轉去。」（做到瘦巴巴，做到走不動，才死去。）直到現在，阿嬤心中一直很過意不去，覺得自己沒有辦法好好在進發人生最後一程照顧他，沒有能力賺錢給他看病，這或許是她這輩子最大的遺憾。

進發死時六十六歲，就葬在媽祖坑礦場捨石山旁的土城第八公墓，持續看守著阿嬤工作了一輩子的礦村。如果不是查某祖與母親的極力反對，或許他們早就可以名正言順地在一起。

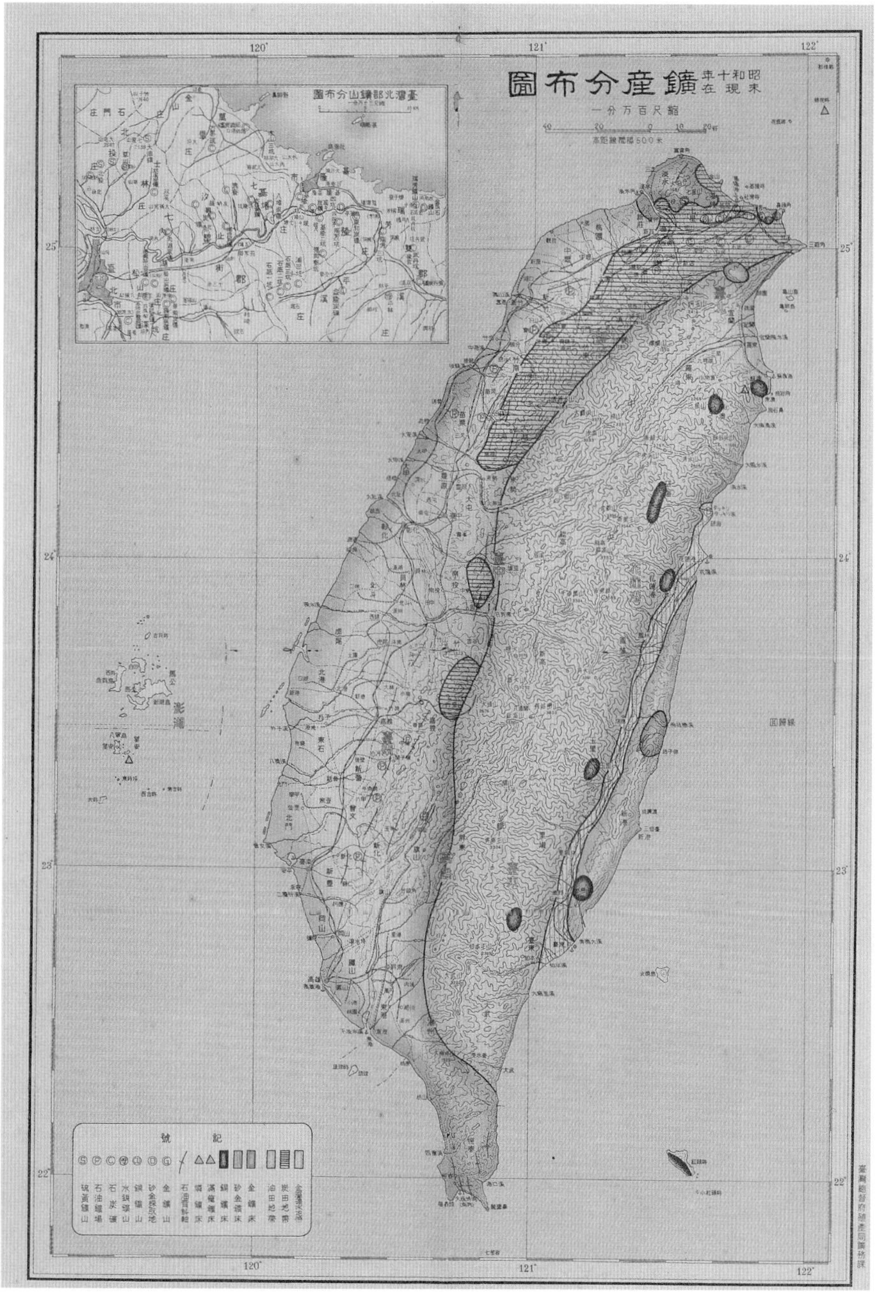

一九三五年〈百萬分之一礦產分布圖〉

（一九三七年臺灣總督府殖產局礦物課出版，圖片來源中央研究院數位文化中心開放博物館，作者黃清琦。）

山本義信
（出自《土城煤業興衰史》）

自強公園內，山本義信推動建設的瑞穗配水池。

新北市中和區自強公園的山本氏紀念碑

145

八

永十ノ四二〇九

民殖第一四六七號

大正二年四月一日受領

第四八九號

明治 年 月 日 決裁 大正二年四月五日

明治 年 月 日 發送 大正二年四月七日

淨書

校正

一五五

大正二年三月廿七日立案

殖産局長

鑛務課長

庶務課長

總督（委任）

民政長官

文書課長

鑛業權讓渡許可伺

台北廳擺接堡大安寮庄地内鉱區第一〇九九号

石炭鉱區讓渡願 黄大林 外壹名

107

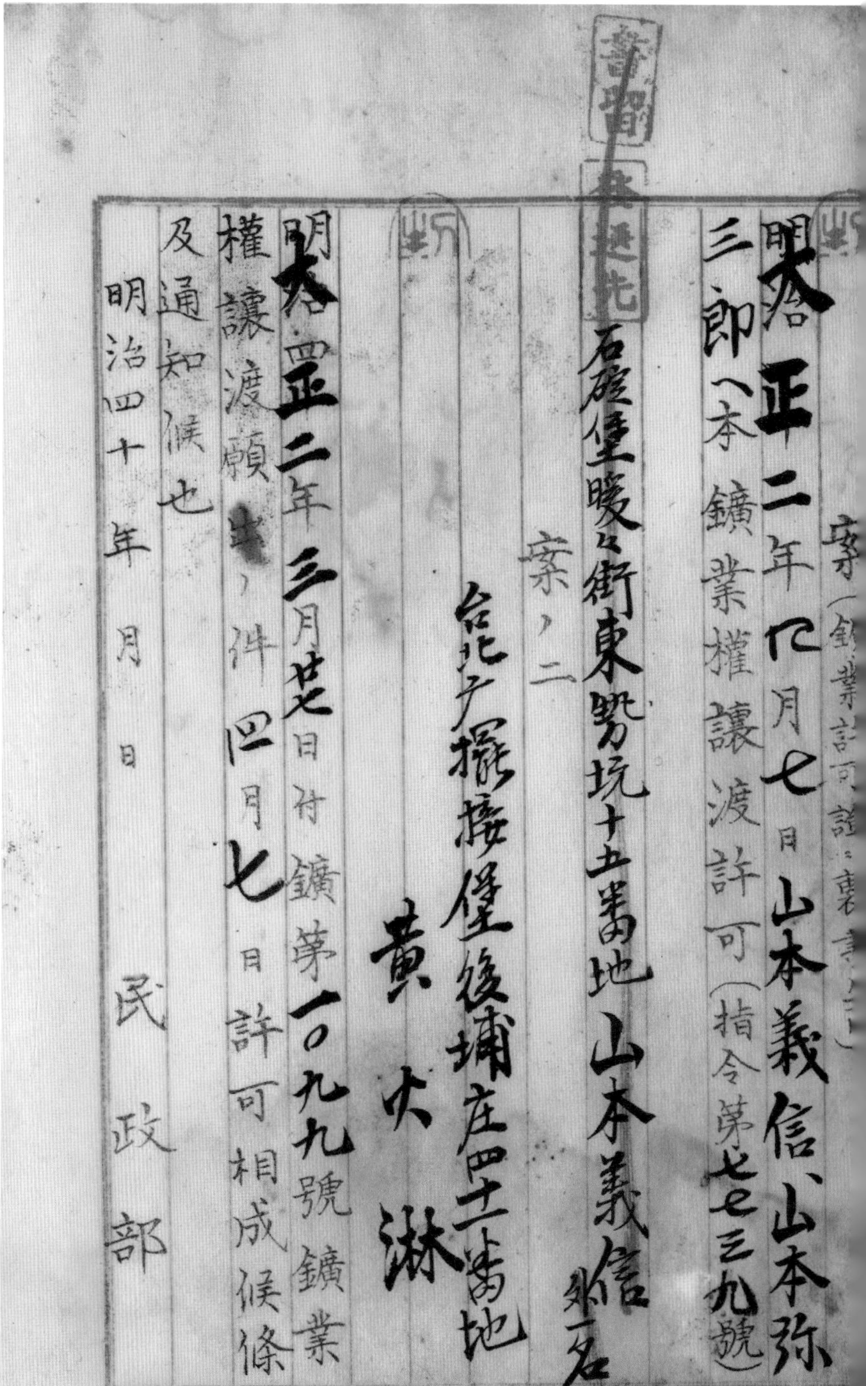
案（鑛業許可證書裏書[illegible]）

大正二年八月七日山本義信、山本弥三郎ヘ本鑛業權讓渡許可（指令第七七三九號）

石碇堡暖暖街東勢坑十五番地
山本義信 外一名

案ノ二

台北廳擺接堡後埔庄四十二番地
黄火淋

大正二年三月廿日付鑛第一〇九九號鑛業權讓渡願ノ件四月七日許可相成候條
及通知候也

明治四十年　月　日
民政部

一〇九九號礦區所有人黃火淋轉讓山本義信的石炭鑛業權讓渡許可文件
（國史館臺灣文獻館提供）

三八號

鉱区合併願

鉱第一〇九九号石炭鉱区
台北州海山郡土城庄媽祖田 三峡庄成福地内
原許可面積 四拾八萬四千九百八拾八坪

鉱第二三一号石炭鉱区
台北州海山郡土城庄大安寮地内
許可面積 二万参千壱百九拾七坪

鉱第二九八号石炭鉱区
台北州海山郡土城庄媽祖田地内
許可面積 六萬貳千貳拾八坪

鉱第四一七号石炭鉱区
台北州海山郡土城庄媽祖田地内
許可面積 三万三千八百五拾九坪

鉱第一七九四号[illegible]鉱区
台北州海山郡土城庄媽祖田、三峽庄成福地内
許可面積　拾九万千五百七拾九坪
許可面積七拾九萬五千八百五拾壹坪
右鉱区鉱第一〇九九号鉱区ニ合併致度許可圖並
理由書相添此段相願候也
原籍千葉縣長生郡五郷村字綱島七百十六番地
現住所台北州海山郡土城庄大安寮字大安寮弐番地
大正拾年十二月　二日　鉱業人　山本義信
臺灣總督男爵田健治郎殿

山本義信申請礦區合併許可公文
（國史館臺灣文獻館提供）

鑛第一〇九九號

增減區ニ係ル鑛區訂正願実測圖　尺六千分ノ一

臺北廳擺接堡大安寮、媽祖田庄、桃園廳海山堡成福庄土名成福舟

既許可坪數　貳拾弐萬五千五百五拾四坪

增区許可坪數　拾萬七千〇〇三坪

減区坪數　弐萬六千百〇六坪

差引許可坪數　参拾萬六千四百五拾壹坪

鑛業人　山本義信
　　　　山本弥三郎

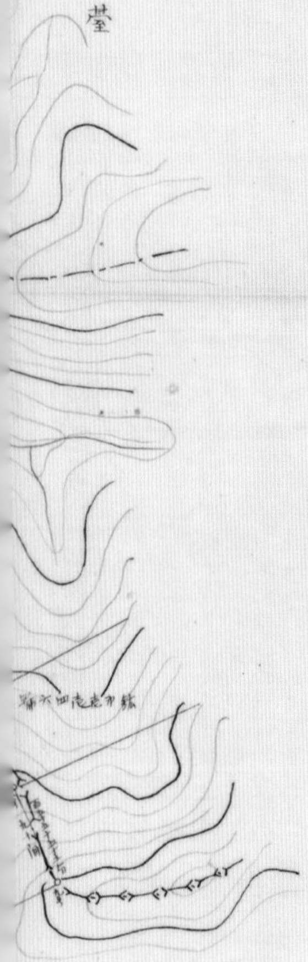

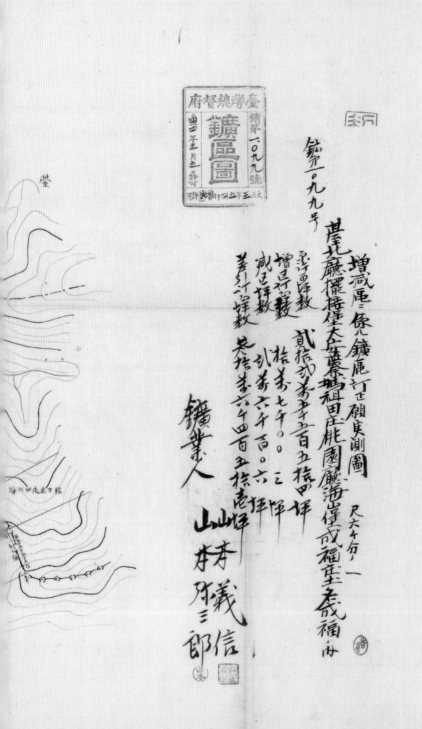

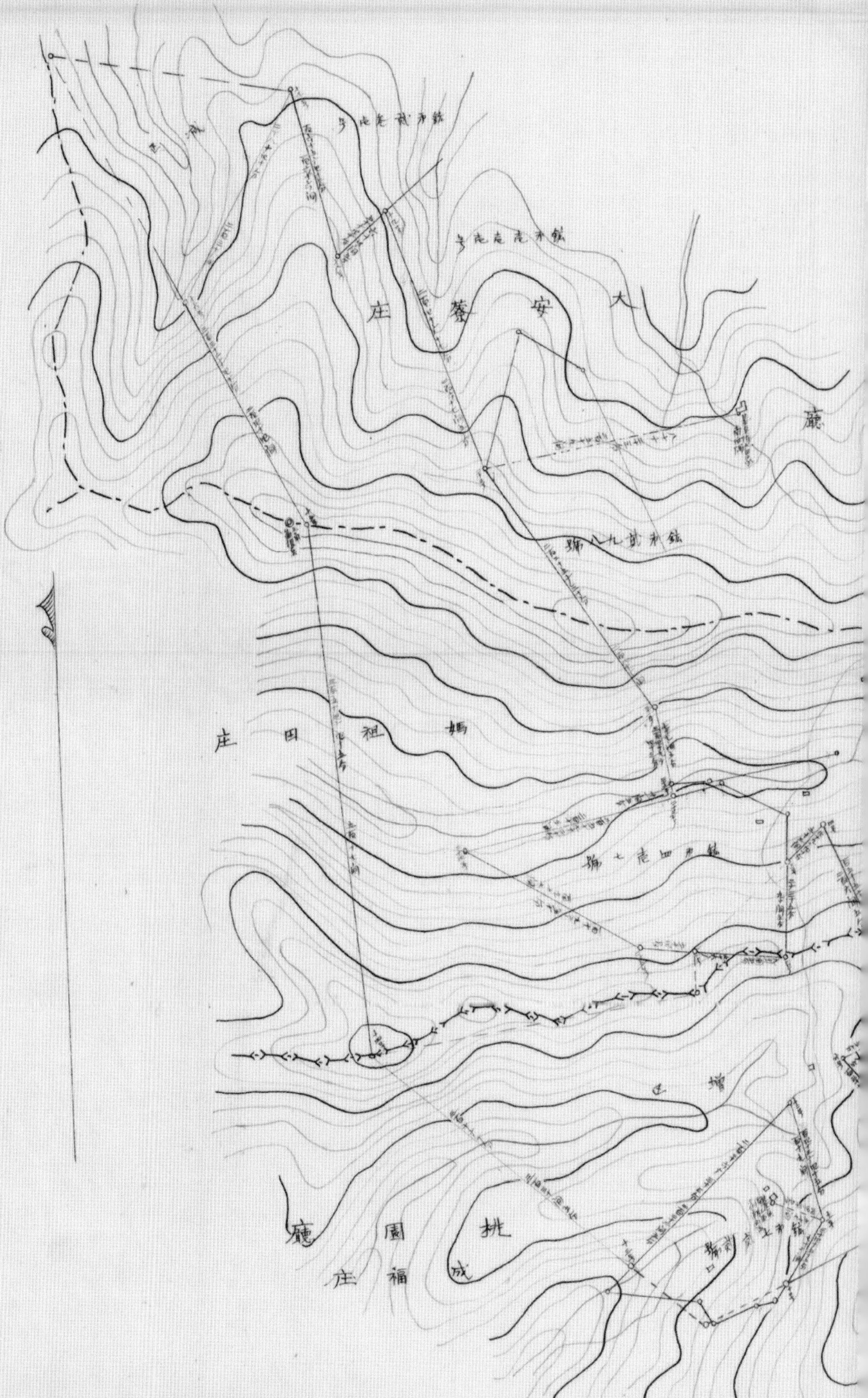

一九一一年大安寮庄與媽祖田庄礦區面積增減圖

（國史館臺灣文獻館提供）

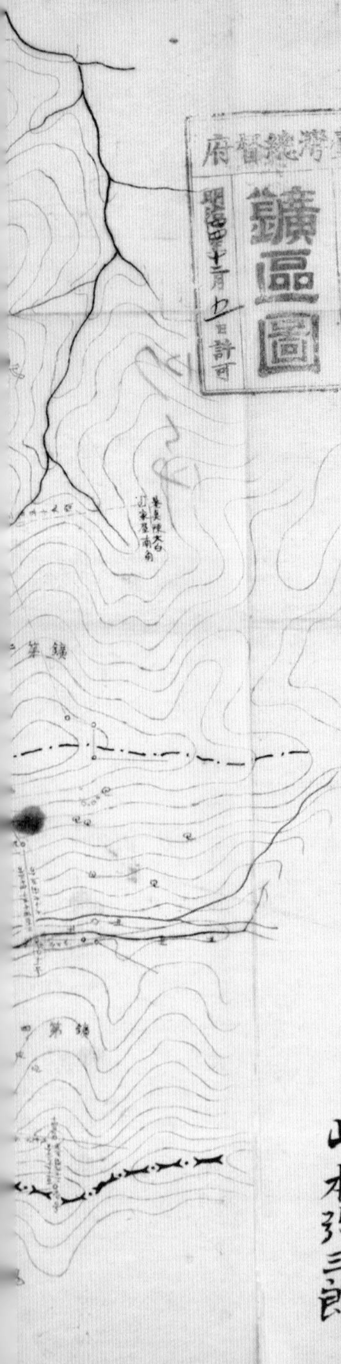

臺灣總督府
第一〇九九號
鑛區圖
明治四十年十二月十九日許可

石炭鑛區採掘願修正圖

尺度六千分之一

臺北廳擺接堡 大安寮庄 媽祖田庄 民有地 目 山林、田、茶畑、建物敷地

坪數 貳拾貳萬五千五百五拾四坪

調査済

出願人

黄火淋

山本義信

山本弥三郎

一九一一年大安寮庄與媽祖田庄礦區圖
(國史館臺灣文獻館提供)

阿公張祿

查某祖蕭允

阿嬤張曾桂，當時三十餘歲。

工寮外的鄧進發（柱仔伯）

媽祖坑口的賢仔

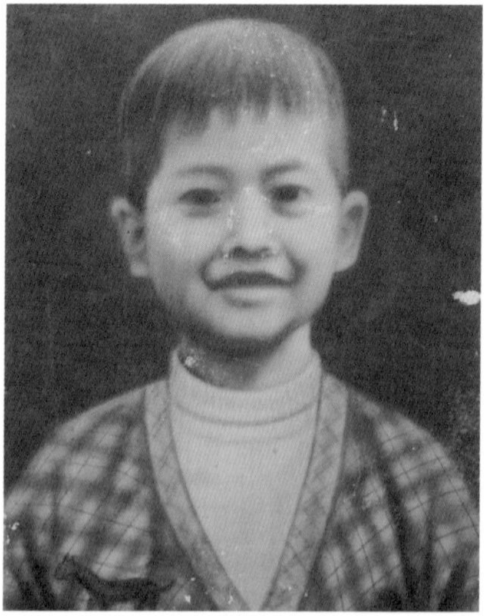

生病前的賢仔

海山煤礦阿美族礦工陳政治

（朱建炫攝）

第七篇

三大礦災

一九八四年是臺灣煤礦極凶之年，連續的海山、煤山、海一礦災至少奪走兩百七十名礦工性命，製造出無數破碎的礦工家庭，當時臺灣民眾目睹慘況，礦災成了社會的集體創傷。災難發生時，我不過是個國中生，只知道當時在海一工作的大舅平安無事，逃過兩次礦災。

事後，據阿嬤的說法，大舅因為躲債主而提早出坑，幸運逃過一劫。大舅聊起災變事故的情形，提到那天在坑內有點奇怪，午餐時，不知何故便當突然掉落地上，這是不祥之兆，代表土地公不賞飯吃，如果發生在坑外，當事人一般就會休息一日不入坑。後來又看到老鼠從坑內跑出來，動物搬遷的異常舉動，常是大難臨頭的預警，他和夥伴有福決定提早離坑，順便拉了明山一起走，明山本來不想跟隨，被他們強拉同行，沒想到因此幸運逃過一劫。

阿嬤不知道大舅已出坑，在坑外呼天喊地，白哭了一場。災後，大舅得意地說自己是「壽仔」，另一人是「有福」，所以他們沒有那麼容易死的啦！

18 礦殤

臺灣的煤層薄，受造山運動影響，煤田中有多層煤帶，上下磐脆弱，經過長期的採採，深入地底的煤巷長度早超過兩公里，深度有的更達海平面下一千公尺。礦場規模小，大量使用人力挖掘、運輸，地壓大、溫度高，工作環境惡劣。開發數十年之後，海山原來的主坑道已經「煤枯炭盡」，因此，又向下再延長了八百五十公尺，改採斜坑開挖，礦工必須使用鑿岩機，半蹲半爬進入煤層採煤。[1]隨煤層不斷深入地底，開挖風險更高，潛藏著大型礦災發生的可能性。

回到一九八四年，那個令許多臺灣礦工家庭難以忘記的時刻。

> 六月二十日。歲時甲申年庚午月辛丑日，逢危丑日，不宜娶親、造作、安葬、入宅，犯之田產不收、財物失脫、虎咬蛇傷，大凶，損六畜、招官司，諸事不宜。

中午十二點五十二分突然傳來爆炸巨響，出事地點在建安主坑道第三斜坑十三片道與十五片道之間，距離坑口達二九九〇公尺。[2]礦場突然警鈴聲大作，代表坑內出事了。當時正值交班時間，有十餘位距坑口較近的礦工順利逃出坑外。礦工們聽到鈴聲之後，旋即以三人一組，重新裝滿水壺，帶著電池、頭燈和帆布袋，回頭下坑救人。幸運獲救的陳炳欲說：「已經爬到前頭的同事叫說『要倒下也要一塊兒倒下，要走大家一起走』，接著就有同事過來攙扶我，把我救出坑道。」[3]隨著爆炸事故發生，失去電力，坑內沒辦法通風，溫度愈來愈熱，大約花了一小時，幸運生還者用盡全力爬出坑口。

警鈴聲持續大作，從七聲轉為八聲，「七煞八敗」（tsi-suah bai-pāi），[4]代表有礦工傷亡。尚有七十位礦工仍受困坑內，有半小時因停電無法輸送空氣進入坑道，困在十五片道以下者凶多吉少。搜救人員與時間賽跑，前兩天都在打通落磐，清出坑道內的坍方，坑內依然小落石不斷，有的地方落石已堆到五、六公尺高，坑道內充滿瓦斯味，支撐坑道的支架全被壓垮，隨時有再崩塌的危險。外面來支援的搜救人員因不瞭解地形，海山礦工兄弟仍是救援主力，有些人冒險搶進，被後續落下的土石壓傷，礦工之間休戚相關、生死與共，在地底展開一場生死拚搏的搜救行動。

礦場安全監督員趕到坑口，只能在坑外指揮救災，礦場人山人海，家屬心急如焚地等待著，希望奇蹟出現。礦務局保安人員、媒體記者、臺北縣衛生局與亞東醫院醫護人員在現場待命，坑口已搭建臨時停屍間，等待法醫到場勘驗。圍觀群眾不斷蜂擁而至，聚在拱橋上觀望，整個橋面站滿人，屏氣凝神，觀看一場生離死別的轉播報導。

長期在黑暗坑道內工作的人，眼睛對於光特別敏感，陰暗的電池室內，藉著微光就可以看到上面的火牌仔（hué-pâi-á，名牌），掛著的名牌就代表人還在坑內，找到屍首時可以從亡者腰間火牌仔辨識身分。出事時正逢換班時間，大多數火牌仔尚未歸位，有的火牌仔才剛掛上，似乎還可以感到在空中晃動未止。名牌牆竟成了羅列的神主牌，由閻王唱名，注生或注死，半點不由人。出坑之後，辨認出死者身分者就把他的火牌仔拔下來，一旦電池室的名牌全部清光，就代表全員都出坑了。

搜救到第三天才打通坑道，在落石密布的坑道內，搜救人員小心翼翼地避開各種障礙，在黑暗的坑中，一個不小心就踩到軟軟的人體，地面溼溼的，血水流淌。除了海山的礦工組成搜救隊進入之外，北部各礦場也陸續派人增援，屍體有掛在煤堆上的，有壓在石頭下的，憑著屍臭味找人，往氣味重處挖，就可以找到遺體。當時搜救人員三、四人一組，一發現屍體，會先行禮說：「你的家人在等你回去啦！不要在這邊了，我們來帶你回去！」在高低起伏的坑道中先把屍體移到運煤的片道，再由臺車推出坑道。人雖然走了，少數被抬出來的屍體還會呻吟、放氣，他們身體機能尚在，[5]也有被判定腦死者仍有生命徵兆，心跳與身體器官持續運作，似乎不能接受肉身已死，不忍就此離開至親。

臺灣礦務局規定大礦場需設救護隊，小礦場需有救護班，在其他礦場發生事故時前往救援。當時全臺幾乎有一半的礦場派出人力到海山支援，每一救護隊的任務為「至少搜救到一位工人，將之抬出坑外」，任務即算結束，如果沒有找到人，就得持續搜救六小時，才能進行任務交接。吳東漢在同屬李家的瑞三煤礦工作，當時從猴硐趕到海山救援，他說：「有爆炸的都死得面目全非！」他參與的搜救小組成功找到一具屍體，戴著手套將尚未完全僵硬的屍身收入屍袋，四個人同時抓住屍袋四角，徒手爬出黑暗潮溼、窄小曲折的煤巷，通過落磐坑道，運上臺車。他永遠也忘不了手套一碰到屍身，就沾黏在肉體上，再收不回來了。大體的樣態與氣味如影隨形，回家不論如何清洗，久久不散。

廣播聲劃破了礦場愁雲慘霧的哀戚：「八片道某某人馬上出來了，請某某人的家屬到停屍站認屍。」海山本礦入口上面掛著「安全第一」四個大字，罹難者的家屬噙著眼淚守候。十點多，臺車呼呼的聲音從黑暗的坑底傳來，愈來愈響，終於出現一點微光，一節瀰漫著臭味的車廂緩緩駛出，搜救人員黝黑的臉孔看不到表情，裝著屍體的麻袋出來了，家屬痛不欲生，迎上前抱住麻袋，大聲呼喊親人的姓名，淒厲嘶吼，記者搶拍鏡頭，擠成一堆，警察制止的哨聲壓不住一湧而上的人群。每隔兩、三小時廣播一次，就有一群傷心的家人奔向出坑的臺車。

在臨時設立的停屍站旁，高高的煤堆上站滿圍觀的人群，尚未找到家人的礦工家屬站在上面，引頸期盼，仍在祈禱奇蹟出現，[6]有些家屬呆立現場，六神無主，淚水早已哭乾，背上的幼兒咿咿呀呀玩著。時間在無助的等待中一秒一秒地過去，空氣中消毒水刺鼻的氣味瀰漫不散，一天的等待又到了盡頭。

大體排列在地上，供家人指認。屍體凍結死前掙扎的各種姿勢，有的斷手殘肢，屍身不全，有的焦黑難辨，體無完膚。蒼蠅飛舞，覆蓋的白布打開之後，家人幾天的煎熬有了心碎的答案。

媒體上經常看到政治人物在重大災難現場被群眾圍堵，或者群眾向官員下跪的場面，在海山災變的現場並未出現。經濟部長徐立德、內政部吳伯雄奉令前往現場勘災，當時在事務所工作的羅隆盛回憶兩位長官並未移駕至坑口，到了海山事務所之後，就打電話向中央報告災情，旋即趨車離開。

關於這次礦災成因眾說紛紜。阿美族礦工遺孀林金妹說災變前有原住民礦工看到一隻大黑狗進坑兩次，狗和人差不多大小，很多閩南人看到之後，因為迷信，認為是不祥之兆，不敢入坑工作，原住民不知道，還是照常進坑，因而死傷慘重。[7]她的哥哥林正雄第二天被找到，丈夫吳啟發第三天才被抬出來，因為坑內高溫，找到的屍體多半已浮腫，無從辨識，有的腫大到屍袋都裝不下，林金妹的弟弟林啟漢說他打開屍體的嘴巴，憑兩顆金牙才確認姊夫的身分。

事務所牆上掛滿標語「防範煤塵最重要　清除噴水求實效」、「一齊展開零災害　消除災難平安來」，許多礦工大字不識，這些口號標語像失效的祈禱語。隨著搜救的時間一點一滴過去，經過不眠不休的搶救，坑內屍臭味愈來愈重，下去搜救的礦工弟兄個個口罩加厚，放上檸檬片，加綁毛巾，依然無法抵擋坑內高熱封閉的臭味。坑外烈陽下焦急的家屬等到的是一具具扭曲難辨的遺體，經過四天三夜不眠不休的搶救，最後，陷在坑內的礦工無一生還，一人失蹤。

羅難屍體經洗滌之後，送往第二殯儀館，海山公司特別請道士到現場招魂，辦了兩場法會。遺體因為焦黑難辨，只能靠身上的火牌仔指認身分，還有不少家屬領回的遺體可能不是自己親人。葬儀社人員為了搶生意，在坑外鬧到不可開交，有兩位礦工的遺體被其中一家殯儀館搶運到臺北，家屬遍尋不著，好不容易才在臺北市立殯儀館冷凍庫內找到。[8]

每逢重大災難，事故現場就會出現爭食屍骨的「禿鷹」，這回事故出現了兩群，一群落在地面爭食屍身，另外一群隱身於空中持續徘徊繞行，伺機而動。

這場災變造成七十四名礦工死亡、重傷八人、輕傷二十三人，當時海山雇工約一千二百人，百分之六的礦工當場死於非命。大舅原本在媽祖坑工作，曾想轉進建安坑不成，逃過一劫。事發當下，阿嬤在澡堂燒水，距離較遠，她說：「無聽著聲，（看著）死人用袋仔裝，一个一个扛出來，攏載載轉去厝仔。嘛有人失蹤，有人掉落水櫃……我佇燒水，有的屍身無撿到，塗炭攏臭毛毛（tshàu-moo-moo），揣無（tshuē-bô）的嘛有。」（沒聽到聲音，看到死人用袋子裝，一個一個抬出來，都運回家裡。也有人失蹤，有人掉到水櫃下面……我在燒水，有的屍塊沒撿到，煤炭都臭氣沖天，找不到的也有。）阿嬤的記憶沒錯，一位許姓礦工的屍體掉在水櫃內，泡了兩週的水，一直到七月四日才找到。在暗黑濡溼的坑道內爆炸，無處可逃，粉身碎骨，那些找不到的焦黑屍塊，有的嵌入了礦岩，有的混進了煤屑，有的埋進了石渣，腐屍的氣味成了她對礦場災變的永久記憶，坑道災難場景也成了許多搜救礦工揮之不去的噩夢。災後全臺有不少礦工離職，一年內竟減少了二二七六人。[9]

海山災變後，臺北縣政府社會局對於罹難者進行調查，死亡礦工年齡以五十一至五十五歲居多，是家中主要的經濟支柱，而每一礦工家戶平均有五人，災後家庭頓時陷入經濟困境。[10]阿美族礦工林阿丁說最慘的是族人林阿貴，當天是他人生第一次下坑，就遭此劫難，享年二十九歲。另外，族人王金海因三個月前喪女而無心工作，沒想到第一天回到礦坑工作就隨女兒而去。

礦災三日後，政府召開檢討會議，當時臺煤已無法與國際進口煤競爭，但前省議員兼海山公司董事長李儒侯認為海山地下仍有兩百萬噸煤藏量，有持續開採的價值，他已為籌措罹難者的賠償經費而賣了板橋百坪土地。[11]臺灣省主席邱創煥下令緊急貸款六千萬元給海山煤礦，作為救難與撫卹費用；[12]臺灣省社會處長趙守博也宣布籌措三千五百萬貸款給罹難家屬，每戶二十萬，年息六%(相當於當年度銀行貸款利率)，償還期限五年。[13]一九八四年七月四日，海山公司與罹難者家屬在板橋市農會三樓禮堂展開「海山煤礦災變撫卹協調會議」，由煤業勞資協調委員會詹德筠主持，有一百五十三位家屬參與，最後決定每位罹難者家屬可獲撫卹金一百萬元，其中四十五萬元來自礦工勞保的死亡給付，不足百萬由海山公司補足，再加上慰問金五萬、奠儀一萬元，每位罹難礦工家屬先發一百零六萬元。[14]

事後官方調查報告出爐，結論是因第七、八節臺車中間的插銷未卡牢，造成臺車滑落，撞擊到高壓電，引燃煤塵爆炸，導致二十立方公尺的土方落磐。海山礦災主因如為煤車脫軌，涉及人為疏失。依據一九八四年七月十四日監察院調查報告，認定政府與海山公司有十大疏失，要求礦坑應立即關閉，接受檢查。[15]

國民黨政府隨即訂定臺灣煤業政策，宣稱要嚴格執行礦場安全規定，藉由煤礦評鑑制度，關閉不良煤場，但列入優良礦者，准予續存。海山煤礦一直被視為典範礦場，不過，在此礦災之前早有不少小型礦災發生，其中媽祖坑發生過三次、三通坑一次，[16]在

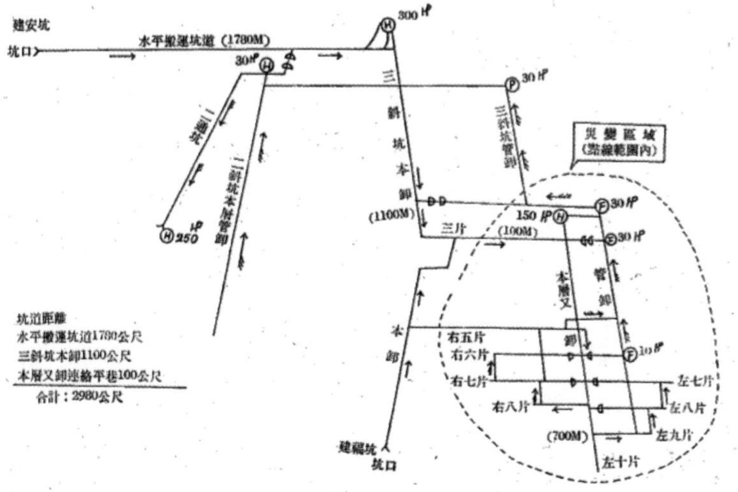

海山煤礦災變示意圖

資料來源：章言，〈海山媒礦爆炸災害紀要〉，《勞工之友》第四〇四期（一九八四年八月），頁六。

海山災變發生之前，李家的瑞三煤礦在一九六九年還發生過當時臺灣史上死亡人數最多的礦災，有三十七人死亡。

在李家雄厚的政經關係下，海山礦場藉評鑑制度過關護航，持續營運，一直到一九八九年才停止開採。出事之後沒多久海山煤礦旋即復工，阿嬤仍天天燒水供礦工洗澡，而礦工們也在充滿屍臭的坑道內繼續掘進，每天搬運著摻雜屍骸碎片的礦砂。三週後，海山災變尚未完成善後，臺灣史上死亡人數最慘重的礦災發生了。

煤山煤礦原為基隆山炭礦，位於九份基隆山腳下，依山傍海。一九一八年（大正七年）八月開坑，二戰後由洪天水、蘇子世經營，改名基山煤礦，範圍擴大到臺北縣瑞芳鎮焿子寮、九份、水湳洞，一九四五年結束收坑。[17]之後礦場幾經易主，最後由簡士成擔任董事長，改稱煤山礦業公司，月產能達四千五百公噸，屬於現代化中型礦場，當時名列臺灣十大優良礦場，煤層厚、岩盤堅固。新設礦場的技術按理較日治時期的老礦場精進，沒想到卻發生臺灣有史以來死亡人數最多的礦災。

七月十日。歲時甲申年辛未月乙巳日，天成，天賊，福生只宜，乙巳、癸巳，宜興工、動土、入宅、開張次吉。餘巳不利，犯月厭，凶。

中午十二點四十分。瑞芳九份的煤山煤礦又斜坑右二片壓風機房起火，機房的坑木支架與機械潤滑油迅速燃燒，發現起火的礦工立即通知機電工人維修，但因坑內未配置滅火器，只能出坑求救，待取得滅火器要再入坑時，發現坑內已籠罩在煙霧之中。坑內抽風機雖然持續運轉，濃煙仍隨氣流進入斜坑，第一、二班入坑換班礦工一百二十三名困在東、西三、五、六、七片煤巷，陷在濃煙與一氧化碳瀰漫的坑道內，持續對外發出八次警鈴求救。坑道深入地下達一千多公尺，坑內曲折蜿蜒，半小時之後，第一批下坑搶救的工人因濃煙過大，只好退回，十五分鐘後又再冒險入坑，仍是無功而返。家屬、救難人員、醫療人員蜂擁而至，現場一片混亂，負責維持現場秩序的人員，緊急動員清運現場相思木，空出急救場地。迅雷小組派出保安人員指揮現場，警務處加派保一、保二總隊協助軍方、警方維持秩序。

當天下午，夕陽在海面上映出一片瑰麗璀璨的豔紅。建基、瑞三煤礦緊急增調的救援人員集結待命，但由於坑道內枕木崩坍，高熱難當，冒然噴水滅火又恐引起落磐，無法進入搶救。待坑外集聚人群淨空，大型消防車開至坑口，以接駁水管全力灌救，巨型探照燈照射的坑道口白茫茫一片，整座煤山陷入白色煙霧之中。災變發生後六個小時，救難人員只能坑外候命，毫無進展。[18]

第二天，救難人員冒死入坑搶救，二十四名救難人員碰到主扇跳電，在四十度高溫、二十五度斜坡的坑道內快速撤退，有四名人員跑到坑口，因缺氧昏迷，送醫急救之後幸而無礙。傍晚時分，救難人員終於打通中斜坑，救出十八位礦工，送往基隆醫院急救。

第一位獲救的倖存者吳榮貴當時被困在西七片，聽見一片呼叫妻兒、求神哭嚎聲，這是他第二次下坑工作，想到安全訓練時提及身體要蹲低，所以挖了一個坑，將身體埋入洞中，置之死地，等待救援。漸漸的，四周陷入一片黑暗寂靜，煙霧消散，他緩慢向外爬行，終於被搜救人員發現，救上臺車。救難人員持續向前推進，發現二十餘人或仰或俯，已經失去生命跡象，只剩頭頂上的燈光一閃一滅。當時有六十名礦工仍深陷坑底，情況不容樂觀。

搶救八天之後，清晨五時十分運送出最後一名罹難者，確認當場一百零一人罹難，二十二人送醫，其中兩人死亡，有十一人因一氧化碳中毒而成為植物人。當時煤山僱用礦工人數兩百人，喪命礦工一百零三人，超過半數。從猴硐趕到現場救援的吳東漢回憶說：「大家死整片，但不像海山爆炸那麼恐怖！」同樣面臨礦災，礦工命運卻大不相同，生死僅在一瞬之間，罹難者也有不同的死傷樣態，落磐、埋沒、搬運事故者，重者當場死亡，輕者終生傷殘，通常血肉淋漓、粉身碎骨；瓦斯、煤塵或爆炸事故者，通常形體扭曲焦黑、肢離肉碎，難以辨識；瓦斯中毒或窒息死者，沉寂倒臥，遺容如常，算是「好死」，可以留個全屍。

事後調查報告指出又斜坑右二片壓風機房坑壁落石擊中空氣壓縮機，220V電線發生連續性短路電弧，導致旁邊變壓器負載電流劇增，絕緣油起火燃燒，並延燒至附近機電設備、油漬，[19]機房看守人未能第一時間處理撲滅，[20]以致含有濃厚一氧化碳的濃煙瀰漫坑道。由於入坑礦工均未佩戴一氧化碳自救呼吸器，才造成這場臺灣史上最多人死亡的礦災。

事變之後經濟部下令煤山礦場停工一天，進行安全檢查，不久之後繼續開工，一直到災變之後五年多，一九八九年十二月三十一日才封坑。[21]

1 賴克富等，《臺灣的煤礦》，頁一一〇。

2 鐘宜君，〈礦業遺產之消失——以海山煤礦為例〉，頁一〇三至一〇四。

3 高源流，〈「要走大家一起走！」老礦工爬出坑道生死一線　憑經驗冷靜互助逃離險境〉，《聯合報》第三版，一九八四年六月二十一日。

4 坑內警鈴連響七聲，代表有人受傷，連響八聲，代表有人死亡。

5 二〇二〇年四月二十八日，作者於臺北市士林區訪談朱建炫。

6 汪士淳，〈兩天兩夜音訊杳然　可憐苦命孤兒寡母〉，《聯合報》第三版，一九八四年六月二十三日。

7 二〇二二年八月二十三日，作者於南靖部落訪談林金妹。

8 〈遺體不見了?葬儀社搶生意　家屬備受干擾〉，《聯合報》第三版，一九八四年六月二十二日。

9 一九八四年全臺礦工人數一萬八七七九人，一九八五年減為一萬六五三三人，參見經濟部礦務局，《礦業統計年報》。

10 徐照美，〈談臺北縣社工員的「機動」角色——從「海山」「煤山」到「洲後村」〉。《社區發展季刊》第二十七期（一九八四年九月），頁四二。

11 李修瑋，《土城煤業興衰史》，頁一二九。

12 〈搶救困在坑內工人　直到最後一人為止〉，《聯合報》第三版，一九八四年六月二十四日。

13 〈海山罹難礦工家屬　先發一百零六萬元〉，《聯合報》第三版，一九八四年七月十四日。

14 〈每位罹難礦工家屬　可領一百十五萬元〉，《聯合報》第三版，一九八四年六月二十二日。按筆者計算，每位家屬應可支領一一六萬元。一百零六萬不包含臺北縣政府發給每位亡者災害救濟金八萬元，省政府發給的慰問金兩萬元。

15 鐘宜君，〈礦業遺產之消失——以海山煤礦為例〉，頁一〇四至一〇五。

16 二〇二二年八月二十七日，作者訪談鄧進發的兒子鄧明川、鄧明雄。

17 一九五一年開內斜坑，又因煤炭滯銷而於同年十二月停坑；一九五六年復開水平坑，挖取最下層煤岩；一九七一年三月九日登記資本額九百六十萬元，員工約兩百人左右。臺灣鑛業史編纂委員會，《臺灣鑛業史》上冊，頁八二七。

18 翁台生，〈煙茫茫心茫茫　火燒坑急煞人〉，《聯合報》第三版，一九八四年七月十一日。

19 〈煤山煤礦災變〉，國家文化記憶庫，https://memory.culture.tw/Home/Detail?Id=203632&IndexCode=Culture_Event。

20 依據周朝南說法是機電工出坑去看布袋戲，所以沒有辦法在第一時間處理而釀禍，但仍需再求證。參見周朝南、李依倪，《黑暗的世界：猴硐礦工回憶錄》（新北市：個人出版，二〇二一），頁九七。

21 張偉郎，〈1050814瑞芳-煤山煤礦（碧山煤礦、基山煤礦）〉，放羊的狼部落格，二〇一六年八月十四日，http://ivynimay.blogspot.com/2016/08/1050814.html。

19 奇蹟

中元節法會是礦村最盛大的儀式，奠祭者眾，畢竟冤死的兄弟太多。災後海山舉行第一次中元普渡，距災變已經兩個多月，盛夏的空氣中依然瀰漫著一股惡臭，混雜著焦炭味，令人作嘔。眾人圍著偌大的紅色供桌祭拜，這回參加普渡的牲醴特別澎湃，除了豬、雞、鴨、魚、豆干五牲之外，還準備了鮮花素果、菸以及紅露酒。海山特地請道士來做法會，唸出礦災亡者的姓名、出生亡歿年、居住地，超渡亡魂；各個礦工家庭也準備米麵、罐頭，百桌供品陳列，十分壯觀。許多婦女低頭啜泣，一旁站立的小孩放聲大哭，其他小孩也跟著哭了起來，連大人也忍不住低頭拭淚。

道士作法壓制不住深入地底數千公尺的沉睡巨獸，甦醒之後，隨時可能再次翻身。

海山一坑距離海山建安坑只有九公里之遙，位於三峽成福里，就在海山三通坑對面。海一開採始於日治時期張阿榮的宏明煤礦，一九五五年由藍茂松承接，易名天富煤礦，一九六〇年轉手陳天賜、黃忠臣經營，改稱海山一坑，礦區面積八百四十六餘公頃。最後開採深度為水平面下八百九十三公尺，自坑口起算總深度達九百三十三公尺，居全臺之冠，是現代化採礦的代表礦場之一。

在海山、煤山相繼發生兩大礦災之後，海一煤礦礦長黃兩義開始忐忑不安，某位預言家說今年為臺灣礦業大凶之年，北臺可能會出現「三山」礦災，他是工程背景出身，原本對此民間傳說不以為意，覺得只是江湖術士無稽之談。但是隨著海山、煤山礦場相繼出事，似乎已應驗其二，礦場以「山」命名者屈指可數，可能出事的大礦區就剩下古山、文山、海山一坑，各礦場之間籠罩著不安的氣氛，不知下一次災難會落在哪一座「山」？[1]

十一月二十五日，海山一坑獲中國礦冶工程學會頒發「保安技術獎」，表揚其「特製噴霧設備，抑制煤塵，實施煤面鐵化，減少落磐；引用大鑽孔貫穿煤面通風及預洩瓦斯，克服瓦斯突然噴出引發的災變，確保安全，績效優異。」這份殊榮讓黃兩義吃下一顆定心丸，或許真的只是他自己多心了。

十二月五日。歲時甲申年乙亥月癸酉日，乙酉天德，是葬日，宜娶親、入宅、起造、開張，用之上吉，主增田宅、受職祿、光門戶、奴婢義、僕自來投雇、諸事順遂。

下午一點五十分，海一煤礦傳出一聲巨響，本斜坑五片下出現長達三十公尺的落磐，整個坑道崩塌，約等於三、四百公斤礦用炸藥爆炸威力，坑道堵得密不透風，八吋大的壓縮機風管也被壓斷，坑內瓦斯瀰漫。[2]當時正值換班時刻，是坑內人最多的時候，有人大喊：「人都還在坑口，救人啊！」現場一片混亂，警鈴聲大作，但是不確定坑內狀況，加上通道堵死，一時也無法入坑搶救。

坑外已擠滿數百位焦急的家屬、礦務局保安人員、亞東醫院及臺北縣衛生局的醫護人員。當時大舅已轉到海一工作，阿嬤與二舅也在第一時間趕到現場，被阻擋在橋頭。為了避免影響救災進度，現場已經拉起封鎖線，不准家屬、外人進入。阿嬤在現場哭著喊人救援：「壽仔閣咧內底！」跨越橫溪進入礦場的小橋阻隔了陰陽兩界，死生懸於一線。阿嬤說起當時海一現場時餘悸猶存：「爆炸的時陣……阮佇橋這爿，毋知伊閣佇無？佇橋這爿嚎，嚎到欲死，跪佇遐一直嚎，叫是(kiò-sī)爆炸死去矣，彼時橋袂當過……

尾手（bué-tshiú）去看伊的車有無，歐兜麥無佇，走去啉酒矣，佳哉出坑了！」（爆炸的時候……我們在橋這邊，不知道他還活著嗎？在橋這邊哭喊，哭得要死，跪在那一直哭，以為爆炸死了，那時橋封鎖不能過……後來看他的車在不在，機車不在，跑去喝酒了，幸好出坑了！）二舅事後說：「去啉嘛好，去賭嘛好！去做啥攏好，無佇內面就好！」（去喝酒也好，去賭也好！去做什麼都好，沒在裡面就好！）

事發當時，大舅媽因為父親中風，正好帶著孩子回南投省親，在車站聽說海一出事了，匆匆趕回家。當時沒有手機，無法即時聯絡，想到小孩即將失怙，一路哭著從車站跑回工寮，看到阿嬤正在煮豬腳麵線給大舅壓驚，開心得放聲大哭。

當日深夜，救難人員只救出王黃德一人，找到十六具屍體，隔天緊急打通了五百四十公尺處的第一個落磐，運出三十二具遺體，仍有六十一名礦工深陷兩千公尺的坑道內。[3]在連續掘進五天之後，再陸續抬出一具具扭曲變形的屍體，罹難礦工都是爆炸灼傷而亡，屍骨不全，再加上一氧化碳中毒，死狀甚慘。此次災變再次帶走九十三條人命，礦場受僱的二百六十位礦工超過三分之一死於非命。

就在眾人仍陷於連續礦災死亡的驚慌與集體傷痛中，一個振奮人心的奇蹟出現了。

十二月九日上午七時，林和雄、游煌義等七位救難者由本卸進入坑道清理落磐，終於理出一條可容納人員爬行的通道。九點三十分前後，在離坑口約一千四百公尺處的再卸連絡道附近，發現前方有忽明忽暗的燈光，聽到微弱求救聲，立刻向坑外搶救中心要求增派臺車及救難人員入坑協助。十點左右，發現生還者周宗魯，立刻以臺車運出坑口，一路上用紗布將他蒙住雙眼，輔以人工呼吸器，並注射強心劑急救，送至板橋市亞東醫院救治。

爆炸地點在又斜坑底候車處，該處並無人員，亦無搬運及抽水工作，且機電設備毫髮無傷，是屬於靜態中發生的爆炸。當時周宗魯在距坑口三千一百公尺左右、最底層的七本東坑道工作，坑內突然傳來一陣巨響，接著不省人事，醒來時發現周圍落石遍地，烏煙瘴氣，濁熱難當，地上倒臥數十位同伴，皆已失去生命跡象。他幸運找到風管，拉出破洞猛吸，以泡棉口罩沾尿當防毒面具，用安全帽接岩壁上滲出的滴水來喝。兩天後，饑腸轆轆的他試著啃食坑道中相思木架樹皮、吃畚箕，皆難以下嚥，最後迫不得已拿起礦工鋸，割身旁死去同伴的腿肉充饑。[4]

由於海一災變事故原因不明，絕境生還的周宗魯被媒體爭相報導，接踵而來的卻是社會排山倒海的壓力，立法院多位立委質詢出事原因？是否有人為破壞？[5]事後，礦長黃兩義提到礦災前一日夜晚十點，有輛消防車開至海山一坑坑口，說是有人報案失火，當時礦場人員皆已下班，現場一片死寂。他覺得十分詫異，似乎預告一場禍事即將到來。事後回想起來，此事非比尋常，為什麼有人可以料事如神地預告三山礦災的發生？為什麼三件災難都發生在礦坑換班之際？那是人流最多的時間，煤山礦災甚至在發餉日出事，那是礦工出勤人數最高的一天。一連串巧合似乎指向礦災不是意外，可能是人為的蓄意破壞。[6]

劫後餘生的周宗魯馬上成為眾矢之的，被懷疑是「匪諜」而遭到法務部調查。最後經檢察官勘驗死亡礦工遺體，確認有吃人肉的事實，加上他帶進坑內的炸藥都還在，事件才告平息。災變之後周宗魯離開礦場，進修成為一位傳道牧師，在新店、烏來的教會向世人見證這段神蹟，一直到二〇一六年六月十四日因塵肺病辭世，享壽八十八歲。

災後大舅參加臺灣省煤場安全訓練，取得煤場安全管理人員資格，升任海一煤礦監督。他果真福大命大，半年後海一礦場再度發生災變，這回出事地點是在比較深的斜坑，他再次幸運地躲過死亡之神的追擊。

一九八五年六月十九日上午九點，距第一次礦災發生後半年，海一煤礦再度發生爆炸，造成七人死亡、十二人輕重傷。在前次礦災之後，礦主曾向政府申請復工，但仍未達到一九七三年的《礦場安全法》標準，[7]五月第一次複檢，部分設備不合《礦場安全法》細則規定，六月十一日第二次複檢，發現坑道通風、煤層控制、防火、支撐及機電設備已經改善。但礦主不顧礦場安全，早已私自開始營運，從一九八五年五月下旬到六月下旬，每天出煤一千多噸。[8]在礦災肇事原因都還不明的狀況下，礦場竟然在短短半年內復工，導致礦災連續發生。

聽阿嬤說災後礦場的屍臭久久不散，有些屍塊可能還混在礦砂中，她挑炭去燒水時，心中像沉了一塊大石頭，難過不已。不論礦災發生的原因為何、規模多大、傷亡人數多少，在政府有心護航下，臺灣的礦主就是有辦法持續生產，讓礦工們吸著同伴的屍臭味繼續在坑內挖礦，也算全世界礦災史上的「另類奇蹟」。

1 黃兩義，《臺灣經濟奇蹟尖兵》（社團法人臺灣退職煤礦職工福利協會，二〇〇八），頁一三一至一三二。

2 黃兩義，《臺灣經濟奇蹟尖兵》，頁一三二至一三三。

3 〈深穴救援　只見滿坑屍體　海一礦變　已是凶多吉少〉，《聯合報》第三版，一九八四年十二月七日。

4 周宗魯口述，何曉東整理，《突破死亡線》（大光出版社，一九八六）。

5 立委林鈺祥、黃河清、鄭余鎮都提到應調查是否有人為破壞，黃河清更希望徹查有無匪諜破壞。見立法院經濟、內政、財政三委員會第一次聯席會議紀錄，《立法院公報》第七十四卷第三十二期，頁一三六、一三七、一四五。出自政府公報資訊網，https://ppg.ly.gov.tw/ppg/publications/official-gazettes/74/32/00/details。

6 黃兩義，《臺灣經濟奇蹟尖兵》，頁一三七至一四一。

7 章言，〈海山一坑煤礦災變案深思〉，《勞工之友》第四一五期（一九八五年七月），頁一〇。由於當時仍處於戒嚴時期，學者不敢直接批評政府，多半是以筆名發表。

8 〈痛心再論礦場災變〉，《聯合報》第二版，一九八五年六月二十日。

20 究責

為什麼　這麼多的人　湧進昏暗的礦坑　呼吸著汗水和汙氣
為什麼　這麼多的人　湧進昏暗的礦坑　呼吸著汗水和汙氣
轟然的巨響　堵住了所有的路　洶湧的瓦斯　充滿了整個阿美族的胸膛
為什麼啊　為什麼
走不回自己踏出的路　找不到留在家鄉的門

——胡德夫〈為什麼〉

出身臺東大武的原住民歌手胡德夫趕到海山災變現場，協助救人，目睹慘狀，在殯儀館看見工人拿水管沖洗時，用腳踹了屍體，回來寫下了〈為什麼〉這一首歌，以低沉渾厚的聲音，代失去親人的原住民礦工唱出他們積壓的憤怒吶喊。

他在受訪時提到：「爆炸案裡百分之九十九都是原住民，[1]我去扛屍體，礦工的孩子說，我爸叫『黑白人』，早上下坑時是白白的，晚上回家全身是黑黑的。可是，這次爆炸連身體都焦掉了，那個黑是洗不掉的。」[2]洗不掉的不只是身體上的炭灰、皮肉的焦黑，還有原住民身上烙印的汙名，讓他們的下一代仍流落於看不見的城市邊緣角落。

礦災之後，礦工家屬呼天搶地、下跪求援的悲慘畫面成為臺灣社會難以承受的創傷，輿論壓力排山倒海而來。海一煤礦第二次災變之後，行政院長俞國華在院會中指示各級機關積極辦理礦災死難者的撫卹等事宜，表示要徹查是否有違法開採行為，臺灣省礦務局長李豐之表示已經向上級自請處分，但認為此時辭職是不負責任的做法。[3]前任礦務局長高金福記大過調職，在社會壓力下索性申請退休。[4]

經濟部長徐立德在連續災變之後曾一度規避到監院報告煤業政策，[5]在海山一坑第二次災變時終於避無可避，不得不赴立院接受質詢。徐立德在立院答詢時指出，依現行《礦場安全法》，政府並無法令依據可以逕行關閉礦場。[6]然而，當時仍處於戒嚴時期，一年內有三大礦場發生重大災變，死亡至少二百七十人，傷者六百餘人，國家當然有權對礦場發布緊急處分，經濟部亦可接手代管。但是徐立德卻以政府無法勒令礦場停工為由，認定須透過評鑑作業程序，才能對違規礦場進行全礦停採、局部停採，或機械設備禁止使用的處分。[7]他指出：「政策與災變並沒有必要的因果關係，因此不能將礦災的原因只歸咎於政府處置步驟太慢，亦應檢討礦主之責任。」[8]重大礦災之後沒有立即全面停工檢測礦場安全，對於礦災發生的原因交代不明，經過長達半年的評鑑作業之後，出事的礦場仍無一停工，不知要由誰來負責？

在立委連番炮轟下，點名要求經濟部、內政部兩位部長下臺負責。徐立德反駁表示：「立德決無逃避責任之心，為了維護榮譽，我定要將工作做好。至於應否辭職一事，則請我的長官做最後的決定。」[9]而內政部長吳伯雄則回應：「本人到內政部半年以來，深感這份工作的辛苦與勞累、犧牲與奉獻，但我咬緊牙關，任勞任怨，忍辱負重，所秉持的乃是一份熱愛土地、熱愛所有的人民，我本人對於這份職務並無留戀。當然，我一定會本著政治良心與道德，對災變的問題冷靜分析，也不會推卸應負的責任。本人向無其他長處，唯勇敢負責而已，這一點是大家可體認的。」[10]

在居功諉過的官僚文化下，最後是臺灣省礦務局長高金福、保安組長朱文欽、課長林顯忠、瑞芳保安中心主任余助政及安全監督員李中心等五人，分別被省府記過調職。

立委江鵬堅建議組成公正的災變調查委員會，探查災變原因。經濟部特別聘請南非的技術專家駐礦指導，他們初步研判海一礦災的理由是：「若支柱腐朽未改修致岩石塌下碰及軌道會產生火花，亦因此引起煤塵爆炸。」海一礦長黃兩義看到這些外國專家態度高傲，卻不敢進入坑內調查，批評專家說法根本缺乏科學證據，依他的研判，爆炸地點應不止一處，除了又斜坑底，在本斜坑五片另有一處爆炸點。[11]不過，他的說法也未得到證實，海山一坑的災變原因迄今依然成謎，涉及九十三條人命的礦災仍是無頭公案，[12]而真相都已隨當事人死亡、礦場關閉，而永遠深埋於地底了。

臺北地方法院板橋分院檢察處主動偵查災變原因，一年之後，海山煤礦礦長蘇生被判刑六個月，安全主管楊國華、李天浩各判五個月，均得易科罰金，海山煤礦公司處罰金六千元。[13]海一案檢察官對礦場負責人、安全主管及坑內安全監督人員提起公訴，礦主陳天賜以二十萬元交保，依《礦業安全法》規定，礦場各款安全事項之設計、管理及維護，由礦場負責人負責，受僱的礦長黃兩義為指定的礦場負責人，因此被判刑一年定讞，是唯一承擔礦災責任而身陷囹圄者。

黃兩義曾擔任過社團法人臺灣退職煤礦職工福利協會的會長，二〇二二年，我按社團法人登記的住址找到他家拜訪，可惜他已過世，礦災事件之後的陰影猶存，他的家人對於往事都不願多提，不過，倒是願意提供給我他生前自費出版的著作《臺灣經濟奇蹟尖兵》，表示他想說的話都在書中。回來翻閱這位臺灣礦業專家的作品，書中對於他投入半生的海一煤礦開採史有很多紀錄。黃兩義在服刑一年出獄之後，一直悲憤難平，寫下他的感言：

開礦始末三十秋，甘苦盛衰事盡休；曾是工業稱為母，風光時逝蹟難留。獻身斯業四六載，充當橋梁作中裁；喜怒哀樂盡人意，何曾為己圖私懷。人生七十古來稀，歷盡無情事存疑，不明災因如夢境，遺留長恨善被欺。地下工作盡一生，黑道生涯一時榮，冷暖人情倫理失，寄語世人情理明。[14]

對於黃家而言，要一位工程出身的管理者去承擔一百條人命的責任實在太過沉重。中國國民黨主席蔣經國對海山、煤山兩礦災變受傷礦工的遭遇深表關切，指示要照顧他們的健康，幫助他們的家庭生活。在臺北縣長林豐正「送愛心到海山」的呼籲下，各界捐款如雪片飛來，除了社會大眾捐款之外，各個煤礦的產業工會也發起捐款活動，同屬李家的瑞三鑛業產業工會發起捐款活動，依職位高低捐款，上至董事長，下至女工自動捐輸，董事長兩千元、董事一千元，職員與坑內領班每人兩百元，採煤、掘進工人每人一百五十元，連女工每人都捐六十元，顯示礦工之間生死與共的情誼。[15]連續三大礦災，人非草木，目睹礦場工人慘死，家人呼天喊地的哭號，臺灣島民共體創痛，甚至還有臺東池上的原住民專程北上捐款，撫慰同胞。

海山與煤山礦災最後總共募集近三億元捐款，由臺北縣政府代管，成立救災專戶。臺灣省政府主席邱創煥曾答覆稱，受傷礦工均已受到妥當的醫療照顧，海山煤礦捐款已處理完畢，煤山煤礦捐款將近兩億元，處理辦法還在妥善研究中。[16]二〇一六年，新北市審計處統計當年度收到善款累計竟達五億一千三百一十八萬元，經各煤礦「災變所管理委員會」決議，相關捐款委託財團法人臺北縣廣慈博愛基金會運用管理。[17]嗣因該財團法人人力不足，於一九八六年四月八日再移由臺北縣政府（今新北市政府）社會局代管。縣府另針對領取愛心捐款的受難家屬設定低收戶排除條款，即已收受愛心善款家戶，不得再接受低收入戶補助，令不少貧困的礦工家庭陷入雪上加霜的困境。[18]

在一九八四至二〇〇七年之間，善款由臺北縣社會局陸續發給礦災家庭，不過，各個受災礦工家庭獲得補助不一，除撫卹金一百萬餘元之外，有的拿到三年的教育經費，有的每月領到七千元。由於臺北縣社會局未曾公開徵信，五億的社會救助經費如何分配依然成謎，貧困災民無法取得救助的案例層出不窮。一九九八年十一月二十三日，災變發生十四年後，在立委候選人陳婉真帶領下，有七、八十位礦災家屬前往臺北縣議會尋找正在備詢的縣長蘇貞昌，要求接管愛心捐款帳戶或公布帳目，與警方一度爆發肢體衝突。[19]

直到二〇一六年九月，新北市審計處查核發現社會局接管礦災捐款餘額一億九十九萬餘元，未依《公益勸募條例》等規定對外公開徵信。在礦災過後二十八年，由於限定為教育用途，不但善款未發完而成呆帳，許多礦工遺族仍在貧病交迫中度日。[20]一直到二〇一七年，新北市政府才擬定「海山、煤山及海山一坑礦災家屬救助服務計畫」，提供礦工及該礦災罹難礦工之遺孀、一親等直系血親，因發生變故導致傷害或死亡者所需之醫療、看護、急難救助、遺孀生活補助、喪葬、遺孀機構安置補助及遺孀居家看護補助等項目，距三大礦災發生已經是三十年後的事了。[21]雖然有相關辦法，但是有不少罹難礦工家庭沒有聽說市府這項服務計畫，也未獲得任何補助。政府對於礦災家庭提供的各項福利多透過文字宣示或網路公告，根本無法傳達給目不識丁或資訊文盲的礦工遺族。

1 原住民礦工占礦災死亡人數比例仍是黑數，海山副所長賴克富估計約占一半，而當時參與「海山煤礦罹難礦工家屬撫卹金運用協調會」的林阿丁也提到罹難原住民礦工有三十七人，新北市政府掌握的名單則為三十二人。當時原住民礦工占海山礦工約八成（一九八二年的土城煤礦業從業人員為七五二人，而原住民礦工人數約六百人，不過因屬季節性工人，流動率高，夏季人數應該會減少）。

2 吳錦勳，〈生命的歌手　胡德夫〉，《今週刊》第五〇四期，二〇〇六年八月十七日，https://www.businesstoday.com.tw/article/category/154685/post/200608170009/。

3 〈海一災變礦局是否失職　俞院長指示徹查嚴辦〉，《經濟日報》第二版，一九八五年六月二十一日。

4 〈兩次礦災追究行政責任　礦務局長記大過調職〉，《聯合報》第五版，一九八四年九月二日。

5 〈邀經長報告煤業政策　幾個月沒有依照辦理〉，《聯合報》第三版，一九八四年十二月六日。

6 依據《動員戡亂時期臨時條款》，在國家或人民遭遇緊急危難，得經行政院院會決議，頒布緊急處分。另外，依《非常時期農礦工商管理條例》第二十一條規定，經指定的企業在技術上或管理上有改善的必要，經令其改善而不改善，經濟部得予代管。

7 《立法院公報》第七十四卷第三十二期，頁一二三至一四七。據立委洪文棟的說法，原本徐部長建議全面停採，實施安全檢查，但由於俞國華院長反對，才轉而改口稱無法勒令關閉礦場。

8 《立法院公報》第七十四卷第三十二期，頁一百三十。

9 《立法院公報》第七十四卷第三十二期，頁一四三。

10 《立法院公報》第七十四卷第三十二期，頁一四三。

11 黃兩義，《臺灣經濟奇蹟尖兵》，頁一四〇。黃兩義對唯一生還者提出若干疑點，包含高溫瓦斯下如何存活？吃人肉是否屬實、兼差狀況以及臨時電池更換，不過似乎沒有足夠的證據可以支持他的論點。

12 黃兩義，《臺灣經濟奇蹟尖兵》，頁一四四。

13 〈最受矚目礦變　海山刑責確定〉，《聯合報》第三版，一九八五年六月二十一日；〈海山負責人判刑一年〉，《聯合報》第五版，一九八五年八月二十九日。

14 黃兩義，《臺灣經濟奇蹟尖兵》，頁一九八。

15 瑞三鑛業產業工會公告，一九八四年七月十三日，資料來源：猴硐礦工文史館，二〇二二年八月二日閱覽。

16 〈兩礦災變傷者及家屬　蔣主席指示全力照顧〉，《聯合報》第一版，一九八四年八月三十日。

17 審計部新北市審計處，https://www.audit.gov.tw/p/405-1000-3979,c197.php?Lang=zh-tw。財團法人臺北縣廣慈博愛基金會成立於一九八四年，由洪建全等人捐助，以協助政府推行社會福利政策，辦理急難、貧困濟助、資助家境清寒優秀學生等事宜為宗旨，董事長武增文，曾任臺北縣政府主任祕書。

18 〈救助金只能望梅止渴〉，《中國時報》第十九版，一九九八年十月二十一日。

19 萬仁奎，〈海山、煤山礦災受難者家屬約七、八十人　昨日到議會陳情〉，《中國時報》第十七版，一九九八年十一月二十四日。

20 施協源，〈離譜！海山礦災二十八年　億元善款未給〉，《ＴＶＢＳ》，二〇一二年八月三十日，https://news.tvbs.com.tw/life/29331。

21 〈海山、煤山及海山一坑礦災家屬救助服務計畫〉，新北市政府社會局，二〇一七年。

21 收坑

連續三大礦災帶走數百條人命，也敲響臺灣煤業的喪鐘。日治以來，臺灣的非金屬礦業工殤事件不斷，死亡率持續在千分四上下。二戰之後，煤礦礦災死亡率持續維持在千分之二以上，自一九七〇至一九八五年間，礦工死亡總數達一二九三人，每年平均發生事故四五・七次，死亡人數八〇・八人，[1]臺灣採出的煤炭堪稱「血煤炭」。

行政院曾在臺灣煤業政策中建議設立「煤礦礦工平安基金」，但煤礦主表示負擔太重、無法執行，該案最後胎死腹中。[2]一九八五年七月，政府頒定《煤業安定基金條例》，欲對進口能源依離岸價格加徵〇・五%的稅額，每年籌措十億基金，輔導礦工轉職與資遣，但在災變後一年，籌措礦工轉業的法案仍未送立院審議。[3]一直拖到一九八九年，災變發生五年後，政府才發布「輔導煤礦礦工轉業及補助礦工資遣實施要點」，補貼礦場處理礦工轉業與資遣，在礦坑服務未滿五年的礦工也依年資加以補助。有了政府當作礦

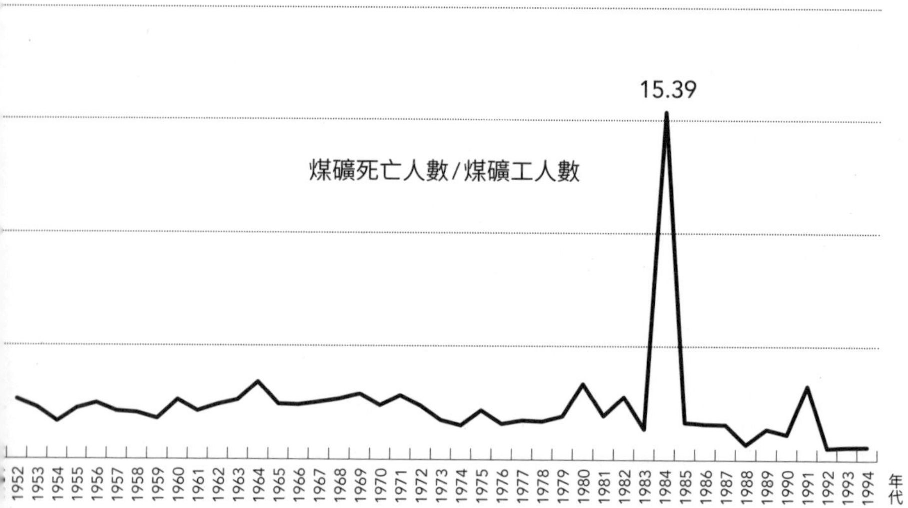
15.39
煤礦死亡人數/煤礦工人數
1952
1953
1954
1955
1956
1957
1958
1959
1960
1961
1962
1963
1964
1965
1966
1967
1968
1969
1970
1971
1972
1973
1974
1975
1976
1977
1978
1979
1980
1981
1982
1983
1984
1985
1986
1987
1988
1989
1990
1991
1992
1993
1994
年代

一九〇四至一九九二年臺灣歷年礦災死亡率

資料來源：臺灣總督府各年鑛業統計與《臺灣礦業統計年報》

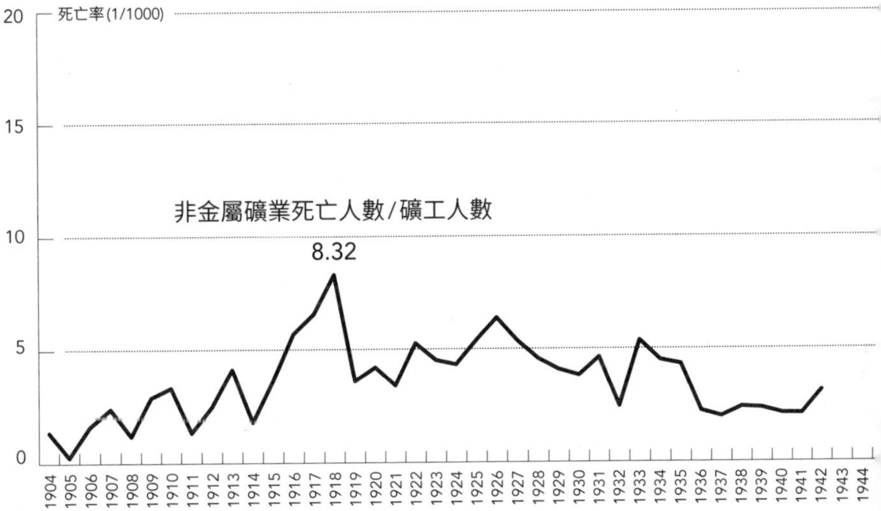

主的後盾，協助處理礦工資遣問題之後，許多已經失去開採價值的礦場才停工，臺煤正式宣告邁向死亡。

一九八八年十二月三十日，海山公司發出一張停止營運公文（海煤總工字第七七三二七號），內容如下：

本公司自創坑以來歷經七十多載開採，已深入海拔下七百餘公尺。受地熱影響，坑內溫度自然升高無法克服，工作困難，因此產量銳減，成本居高不下；復受臺煤不景氣之影響，數年來累積虧損至鉅，無法負荷。雖蒙各位同仁共同努力工作，期能改善，奈效果不佳，實已無法繼續維持。經本（十二）月三十日股東臨時會議決議，自民國七十八年二月一日起停工收坑，特此預告。事出無奈，敬請各同仁共體公司之苦衷，請賜合作諒察為荷。[4]

至此，歷經日本殖民、國民黨兩個政權，開發長達七十二年的海山煤礦終於劃下句點。海山公司收坑是在一次臨時股東會議中匆促決定，一個月之後立即收坑。雖然多數礦工都知道礦場收坑是遲早的事，但是沒想到公司會在農曆年前突然宣布停止開採，令他們一夕之間失去工作。礦工在礦場生活了數十年，感到不捨，對於未來的工作、居住問題更覺得茫然。

建安主坑收坑的日子終於來了。

大樹下一座紅色小祠堂，太乙救苦天尊端坐高臺正中，身著袍服的道士用團扇搧三下，以寶劍敲三下，為天尊滅地獄之火，破地獄之門。幾位頭戴冠巾，腳穿雲履的道士，一手持劍，一手搖鈴，環繞著走位，進入坑內，口中唸唸有詞，拯救四方鬼魂與信徒祖先。天尊用柳枝或桃枝等，蘸金瓶中的甘露法水灑下，引滿坑髑髏出離地獄，大喊一聲：「去！」

道士與礦災罹難者家屬前往坑口誠心誦經，再以紅磚封坑，並在磚牆上留三個小孔，方便坑內礦工魂魄進出。礦場停工之後，原本二十四小時運轉的抽水機與抽風機皆停止運作，瓦斯及各種氣體瀰漫，支撐架也無法按時維修，隨時會有崩塌危險。為避免外人誤闖，廢棄礦區外圍會加裝鐵門、鏈條，禁止閒雜人等進入。

之後，海山煤礦公司轉手給同屬李家的「寶山建設股份有限公司」，擬將礦場改建遊樂園，但由於土地權屬複雜，又礙於舊日員工仍居住於工寮而無法動工。正式收坑之後，儲煤場、選煤場等鐵皮建物首先被拆除，賣給回收場，但是選洗煤場、辦公大樓宿舍與拱橋暫時仍予保留。捨石場則轉為停車場，收取停車費。機具設備部分贈予，部分轉售新平溪煤礦博物館。[5]同時，海山公司刻意破壞礦場所有的抽風與抽水設施，由於排水設施堵住，導致坑道內積水流溢。

廢棄礦坑是巨大的環境汙染源，複雜交錯的地下坑道掏空了地基，挖出的石塊有的就地丟棄，堆疊的捨石山結構鬆散，改變原來的地質地貌。先進國家在礦場停止運作之後，會要求礦主進行基地復育，評估建物是否重新使用或拆除，在排乾管道、清理廢棄物之後，清除有害物質、恢復土地、復原表層土壤、種植原生植物、覆蓋天然植被，確保地形和結構穩定，還會持續監控周邊水體、水質，讓土地恢復到可再利用狀態。但是在缺乏環保意識的臺灣，礦場收坑之後，大多數的建物放任荒廢，留下封閉的坑口，偏遠工寮在工人散去之後，處處可見拖鞋、衣物、瓶罐、壞了的電器、自行車零件，滿地的廢棄物，所有不想帶走的，或是帶不走的都被遺留下來，礦場像座災難過後人去樓空的廢墟。其中最危險的莫過於捨石山，設在媽祖坑捨石山的土城第八公墓就發生過土石流。進發的墓位在地基比較穩定的西側山坡地，才沒有被流走，原本家中考慮遷葬，但是因為擲筊不成而作罷，我想進發不願意離開這個工作了一輩子的礦場。

海山收坑之後，一開始礦主李儒芳對於礦工頗為照顧，盡可能安排他們及礦災遺族進入海山相關企業工作，擔任守衛或雜工。阿嬤離開礦坑後，到一九九五年仍留在海山事務所做雜工，一直到海山事務所停止運作為止，是最後一批離開海山礦場的七人之一，在二次退休時，海山公司還給了阿嬤一筆十萬元的資遣費。

臺灣礦業落幕之後，礦工人數僅餘千人，但卻是一群失業、帶有潛在肺病變的中高齡勞工。塵肺病潛伏期相當長，會隨著年齡與工作年資的增加而惡化。但是勞工保險一開始並未給予退休工人職災給付，礦工在退休之後發病，卻因為退出保險而無法獲得職業災害的補助。一九九四年，天主教敬仁勞工中心的義工劉益宏醫師在平溪衛生所為當地居民看診時，發現許多老人家肺部都有問題，將名單轉介給比利時修女田明慧（Nicole Tilman）醫師，在敬仁勞工服務中心的協助下，[6]同年十一月十二日，組織了一批老礦工參與工委會號召的秋鬥遊行，希望政府可以正視礦工職災問題。一九九五年更進一步成立「塵肺症患者權益促進會」，在黑暗的礦坑工作一輩子的礦工終於站到陽光下爭取職災補償。[7]

一九九九年，勞保局放寬塵肺症認定標準，並列入全民健保的重大傷病，讓退休之後發病的工人得享勞保醫療權益。離職礦工三萬餘人湧入各醫療院所求診，超過所有存在的職業傷病登載數總和，終於打破過去「臺灣無職業病」之神話。[8]依勞工保險職業病給付規定，塵肺症分為一至四症度，殘廢給付的平均額度在三十至四十萬元之間。[9]原本申請職業病殘障給付只需要地區級醫院醫師開立職業病診斷證明即可，但在礦工退保之後，須自行提出退、離職前擔任的工作性質、內容、期間及曝露於何種作業環境或有害物質等作業歷程報告，並取得公立或地區教學醫院以上醫院的專科醫師開具職業病診斷證明書，才能向勞保局申請給付。

為了申請職業災害補助，竟出現「勞保黃牛」，他們專為礦工申請勞保給付，收取一至四成的佣金，[10]甚至還曾爆出專門哄騙勞工簽訂高額佣金契約的「牛頭」，佯稱代辦勞工的傷病及失能等勞保給付的詐騙案件，騙走礦工的職災補償。[11]大舅想請領塵肺病的勞保職災給付，但不想找勞保黃牛代辦，因此來來回回多次被拒，理由是離開礦場已久，醫生認定肺病是他長期吸菸所致，無法證明病源是過去礦場工作造成的。由於臺北的醫院認定塵肺病困難，大舅聽從其他礦工建議，捨近求遠，跑去基隆八堵礦工醫院反覆檢查，最後終於領到職業災害殘障給付近八萬元，阿嬤提出申請後也獲得七千元的職災補償。不論病況多嚴重，自行申辦者似乎獲得的職災賠償有限，祖田里的礦工遺孀陳周含笑說她先生認定自己病重是事實，堅持不找黃牛，也只拿到近八萬元的職災給付，去世前租用的呼吸器三個月花二萬多元，[12]租期還未到人就過世了。

許多居住在偏鄉的礦工，由於交通不便、資訊不通，根本不知道可以申請職災補償。由於申請職災認定程序太過複雜，許多不識字的礦工也不知道該如何申請。對於地處偏遠山區的礦村而言，就醫本身就是一大難題，走路會喘的塵肺病患者須到公立醫院進行各種檢查，來來回回，幾番波折，還不一定取得到職業病診斷證明。這一套官僚體系的行政流程就像極限體能競賽中精心設計的層層關卡，讓許多老病的礦工在還沒開始之前就先落水，即使勉強闖過幾關，也因氣力放盡而跌落失格，最後能安然抵達終點者寥寥無幾。

收坑之後，礦工不只面對醫療問題，居住也是一大困難。海山建安坑許多礦工仍捨不得離開生活一輩子的礦場，滯留於工寮宿舍。宿舍是礦主為了解決礦工的高流動率而建，但入住二十多年，礦工自行維修整建，早視為自己的家。礦村內不僅迎來神明，海山礦災之後礦工們自行在樹下建立礦工修行者祠，紀念一九八四年海山災變死去的弟兄，還搭建了棚架、興建涼亭，成為留滯礦工的聚會所在，沒事就在一起喝茶聊天。

或許因為怨念太深，礦場周邊的居民傳聞會聽到礦工在一起喝酒聊天、擲骰子的聲音。坑口一陣陰風吹來，夾著滴滴答答的水聲，大白天也令人忍不住哆嗦。廢棄礦場處處充斥死亡氣息，為免於鬼魂糾纏，須借神力引渡，有不少外地人到礦場附近設神壇，以安撫飄蕩的礦工魂魄。天蓮宮是由林思旭依濟公禪師開示設立，原本設在海山建安村，主祀九天玄女，另奉祀令人戰慄的五爺將軍小神壇，五爺將軍包含張公、蕭公、劉公、連公與李哪吒，只有頭顱、沒有身軀，分別領大軍鎮守東、南、西、北、中五方，[13]負責坐鎮坑口，驅逐地方邪祟，守護鄉民。

在遠雄公司買下建安坑之後，天蓮宮一直不願搬遷，在「請神容易送神難」的困境下，由海山公司出面協調，將天蓮宮連同土地公廟，一起搬到了祖田里的二通坑口旁。重大災難地點成了生與死、陽與陰之間的過渡閾界，「魂兮歸來，魂兮歸來」，流傳的鬼魅傳說成了哀痛集體記憶的再現，安撫眾人創傷、抵抗壓迫。

1 經濟部，《礦業統計年報》（二〇一六），頁一二二。

2 王麗美，〈礦工平安保險　勞資興趣缺缺　籌措平安基金　尚無具體辦法〉，《聯合報》第三版，一九八五年十月五日。

3 《立法院公報》第七十四卷第三十二期，頁一三三。

4 賴克富等，《臺灣的煤礦》，頁四九。

5 鐘宜君，〈礦業遺產之消失——以海山煤礦為例〉，頁一一〇至一一二。

6 敬仁勞工安全衛生服務中心成立於一九九〇年，由來自比利時的田明慧修女成立，致力於勞工安全衛生，成立「工傷者自助組織」，協助老礦工取得塵肺症勞保職災給付與醫療照顧，二〇〇六年解散。天主教敬仁勞工服務中心，《礦業滄桑幾十載　老礦工口述歷史》（天主教敬仁勞工服務中心，二〇〇一年），頁五二。

7 〈敬仁勞工中心十六年記〉，敬仁勞工中心紀念網頁，https://chingjenlabor.blogspot.com/。

8 陳永煌、劉紹興、蘇文麟、楊冠洋，〈我國礦工肺症補償之探討〉，《中華職業醫學雜誌》第七卷第一期（二〇〇〇年一月），頁八。

9 一九九五年勞工保險塵肺症審定準則，以X光照像分型基準，症度分為四級，可申請一百五十至一千八百天的殘障給付，以當時基本工資一萬五八四〇元計算，約在七萬九二〇〇至九十五萬四〇〇元之間。

10 林宜平，〈煤礦工塵肺症的地方知識、科學研究與健康照護：公共衛生的視角〉（臺灣大學衛生政策與管理研究所博士論文，二〇〇四），頁一〇三至一〇五。

11 〈高年億：塵肺病證明濫開　宏恩醫院多人送辦〉，《聯合報》，二〇〇一年九月六日。

12 二〇二四年一月九日，作者訪談陳周含笑。

13 郭石城，〈探索海山煤礦滄桑史〉，《中國時報》，一九九六年十一月三日。

海山礦村鳥瞰圖

（羅隆盛提供）

海山煤礦的公司商標

（出自《土城煤業興衰史》）

海山煤礦媽祖坑坑口

（鄭寶鳳女士提供）

礦工與管理人員於海山本鑛坑口合照

（羅隆盛提供）

海山煤礦職員宿舍

（羅隆盛提供）

海山煤礦礦工工寮

（羅隆盛提供）

海山煤礦建安坑炭埕舊觀

（出自《土城煤業興衰史》，賴克富提供翻拍）

海山煤礦礦工洗浴場，阿嬤張曾桂曾在此做燒水工。

（出自《土城煤業興衰史》，賴克富提供翻拍）

一九六四年，臺北縣李建興昆仲捐獻陽明山公園用地。
圖中由右至左為李建和、監察委員王冠吾、李建興、連震東。
(羅隆盛提供)

一九七四年六月一日，蔣經國巡視海山煤礦，
由海山事務所副所長賴克富陪同下坑。
(中國國民黨中央委員會文化傳播委員會黨史館提供)

一九八四年六月二十日，土城海山煤礦災變現場，周圍擠滿圍觀人群。
（蔡明德攝）

一九八四年六月二十日，土城海山煤礦爆炸，造成七十四人罹難，
家屬悲慟認屍。
（蔡明德攝）

第八篇

終曲

阿嬤離開海山礦場之後，真正退休了，終於卸下養家活口的重任，做自己想做的事。她自小失學，大字不認得幾個，一開始想去「菜堂」(tshài-tn̂g，齋堂）[1]求學，但去念了幾天書之後，覺得頭昏念不下去。後來，在家專心帶孫子，含飴弄孫，大舅、二舅的孩子成為她生活中的開心果。

舅媽在屋頂種菜，要阿嬤有空時上去照料，日子比較不會無聊，沒想到愛漂亮的阿嬤怕曬黑，不願意在烈日下工作，非得等清晨或日落才上去澆水。一輩子在礦場灰頭土臉做工，阿嬤喜歡乾淨清爽，原來就愛漂亮的她，臉上盡情抹粉點胭脂，不再被土炭燻得烏漆漆，換上五顏六色的衣衫，告別粗布破衣。

進發生前一直擔心阿嬤走不出礦場，但是阿嬤走得比他想像的更遠。媽媽帶著阿嬤去美西、日本大阪、東京，舅舅也帶她遊泰國、中國，她說：「上歡喜是出去𨑨迌，飼囝（kiánn）真價值（kè-tát），𤆬我出去𨑨迌，翕相攏笑咪咪。」（最開心是出去玩，養子女很值得，帶我出去玩，照相都笑咪咪。）阿嬤苦盡甘來，擺脫了礦村灰暗記憶，走出礦坑陰霾，快樂過日子。

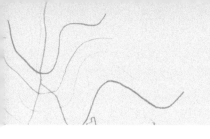

當所有人都離開海山之後，我才回到礦場。在這座阿嬤生活了一輩子的礦村，探索過去的歷史，想像未來的發展，對於曾經在礦場工作的人，瞭解他們在收坑之後何去何從？現在過得可好？二〇二二年阿嬤感染新冠肺炎之後，情況時好時壞，我和阿嬤之間的對話就戛然而止，媽媽也受到新冠肺炎的影響，許多記憶開始模糊、扭曲、錯置，有很多問題已經不容易找到答案了。有些後悔，覺得自己沒有及早開始，無法在家人頭腦清晰時，多留下一些記憶。

22 反服 2

我印象中的大舅是個酒鬼，每次回家都看到他在喝酒，一早起來就喝，整天醉茫茫，碰到人不是要找人共醉，就是發酒瘋說些聽不懂的話，酒精中毒已深，沒有酒就活不下去。他是家中唯一留在礦坑工作的男人，其他的舅舅都聽阿嬤的話，二舅學修車，小舅學板金，各自成為技工。

海一煤礦在一九八九年停產之後，大舅就此失去工作，也失去勞保資格，那年他才三十七歲，領到五萬元轉業救濟金，開始崎嶇的中年轉業之路。他被鄰居阿義僱用，學做組裝廚具，之後入股成為一員，大舅與舅媽兩人都加入，月收入一度可達五萬，可算是高收入了。沒多久之後，大舅故態復萌，上工時間喝酒，閒時會偕同其他工人打麻將，和其他股東之間衝突不斷，最後被退股。

大舅在礦場沾染許多不良習性，吃喝嫖賭，樣樣都來，曾經一夜豪賭輸掉五萬元，在外面還欠了不少賭債。他還曾打算與友人合資採礦，完全未意識到臺灣礦業已經是窮途末路，阿嬤為此擔心不已。每份工作都做不了幾個月，舅媽為之氣結，形容他：「出去干焦拍毋見(phah-m̄-kìnn)，轉來干焦抾到。」（出去像遺失，回來像撿到。）大舅媽與他在不斷爭吵中過日子，因為大舅屢勸不聽，舅媽多次都想要從家中屋頂跳樓。不過她氣歸氣，依然會幫大舅買菸、買酒，想要以柔克剛，希望他回心轉意。她知道大舅是被查某祖、阿嬤以及她自己寵壞的，但就是沒辦法改變他。

後來大舅終於領到一筆百萬退休金，先清完前債，阿嬤怕他一下子賭光，要求他拿出二十萬元給媳婦家用，大舅媽省吃節用，拿來繳瓦斯水電，竟花了二十多年才花完。終於，大舅下定決心改邪歸正，和舅媽在三峽市中心頂下一家店，開鵝肉城。做礦工工時短，大舅閒散慣了，晚上客人多時，經常藉故開溜，裡裡外外讓舅媽一個人打點，終至身心俱疲，難以負荷，撐了兩年多之後歇業。

大舅的最後一份工作是做車床，工作時右手不小心捲入機器，切掉拇指以下的四隻手指，他臨危不亂，要其他人拿塑膠袋把他的斷指撿起來，放進冰箱冷凍，等救護車來。送到醫院之後，接回了半指，只剩拇指與一半食指可以運作，那一年他五十三歲，此後便心灰意冷，不再工作，成天喝酒度日。

大舅只需大聲說話就可震住阿嬤、舅媽，以前進發曾經拿掃把頭，要阿嬤好好教訓大舅，阿嬤接過之後打不下手，坐在床邊眼淚直流。家中只有媽媽比較凶悍，會當面教訓他，也是他唯一忌憚的人。有一回，阿嬤因為腸沾黏送醫，需要開刀，醫護人員竟然找不到家屬簽署同意書，原來大舅跑到醫院對面的小攤喝酒，根本忘了阿嬤住院一事，院方只好緊急通知其他家人來院處理。媽媽後來聽到，氣到跑回娘家，準備了掃把頭要打大舅，被阿嬤勸阻。

阿嬤手術完成之後，家中沒有人力可以照護，只好請看護協助。術後媽媽去醫院探望，在病房內和阿嬤聊了一陣子後離開，走到電梯間，阿嬤突然從病房追出來，拉住她的手，抱住她痛哭，媽媽安慰她：「阿母！妳佗位艱苦？」（媽！妳哪裡不舒服？）阿嬤沒有回答，默默地走回病床。媽媽心中一陣酸苦，知道阿嬤可能是為了付不出醫藥費而發愁，第二天一早跑去幫阿嬤辦出院，等舅舅來接時，媽已經支付兩萬六千多元的醫藥費。媽媽不斷鼓勵阿嬤，身體一定要養好，才不會讓子女擔心。

阿嬤聽進去了，很認真吃飯、運動，身體也健康了起來。七十八歲時，阿嬤突然找到她的新興趣，坐車到大同莊園附近游泳，經過反覆練習之後，可以連續游五百公尺，四年後，之前的氣喘宿疾也不藥而癒。

不過，好景不常，有一次坐公車途中，阿嬤從後門上車，司機突然緊急剎車，一下子沒站穩，從後面摔到前面，撞到扣款機之後摔出公車前門外，拖行了數公尺。緊急送醫，開腦取出血塊，縫了十多針，入院二十天。司機探視賠罪，阿嬤聽到司機的家境不好，淡淡一句：「人嘛是趁食人（thàn-tsia̍h-lâng）！」（人家也是辛苦賺錢維持家計的人！）或許瞭解底層家庭的艱辛，善良的阿嬤除了醫藥費之外，沒有索取額外的賠償。只不過開刀之後，阿嬤經常頭昏，再也沒辦法去游泳了。面對這個意外，阿嬤常常說：「命啦！我就是歹命人！」樂天知命讓她度過無數的生死難關。

阿嬤出院之後，由大舅媽帶阿嬤坐車回診，每回看診需要掛三個科，一次掛號費就要一千五百元，再加上計程車錢，所費不貲。為了省錢，阿嬤與舅媽只好坐公車回診，有一次碰到午後雷陣雨，兩人淋成落湯雞，媽媽聽到了非常不捨，特別帶錢跑回娘家交代大舅媽，就醫一定要坐計程車。阿嬤前後住院多次，大舅媽手頭拮据，醫藥費常是媽媽專程跑回去繳納。

大舅身體每下愈況，除了原來積在肺中的粉塵之外，長年抽菸、喝酒也造成慢性阻塞性肺病、肝硬化。之後，大舅又發現食道出現腫瘤，手術完撐了一年十個月，多病齊發，六十三歲病逝。俗語說「倖豬夯灶，倖囝不孝」(sīng ti giâ tsàu, sīng kiánn put-hàu)，[3] 大舅讓阿嬤再次承受白髮人送黑髮人之痛。想到大舅生前受的苦，阿嬤不捨地說：「伊家己病死矣，算是食一寡土，肺較差，尾啊 (bué-á) 頷胿佮生彼啥……正手 (tsiànn-tshiú) 手術一空 (kháng)，腹肚手術一空，吃的物件攏對遮流出來，橫直就……哎！袂曉講，真可憐！」(他自己病死的，吃了一些炭，肺比較不好，後來脖子又長那什麼……右側手術一個洞，肚子手術一個洞，吃的東西從這流出來，反正就……哎！不會講，很可憐！) 提到大舅，阿嬤只有嘆息流淚，心疼他自幼喪父的艱辛成長過程，氣惱他自甘墮落的荒唐人生，又悲憐他病痛折磨的餘命。

礦災之後，失去男人經濟支持的家庭，立即陷入生存危機，但是獲得的撫恤金可暫時安置家人；而中年轉業的礦工家庭也面臨生活困境，他們丟掉的不只是工作，還有健康、住宅，更多礦工像大舅一樣，持續在貧病中掙扎。大舅過世之後，為了減少大舅媽的經濟壓力，阿嬤搬去和四舅同住。

之後，阿嬤膝關節受損，無法行動自如，身體的機能也日益退化。她一直掛念著母姓「曾」在結婚登記之後消失，擔心自己隨時可能「回去」，失去了原來娘家姓氏，愧對地下先人。二〇二一年年底，阿嬤要二舅幫她去戶政事務所改名字，將「張桂」改為「張曾桂」，找回她誤漏一甲子的母姓。

1 菜堂也稱齋堂，即今日普安堂，是齋教信徒參拜、舉行儀式、活動及聚會的場所，由於齋友吃素，所以俗稱菜堂。

2 反服，指白髮人送黑髮人。

3 意為子女要加以管教，不能放縱，否則子女會不孝。

23 滅村

媽祖田舊名大墺山，乾隆年間墾首林成祖以媽祖田口深淵為水源，建突堤引水，流經頂埔、大安、貨饒、土城、柑林陂、冷水坑，灌溉水田千餘甲，命名為「大安圳」。[1]日人山田伸吾曾讚詠：「圳寬二丈四尺，圳長二十里，兩岸遍植相思樹護堤，其設計之周到、結構之壯大為島中所罕見。」[2]有水斯有田，人也跟著聚集起來了。媽祖田先祖李武侯、李維芝在一七七八年（乾隆四十三年）獻九芎林山埔予墾首新莊慈祐宮（天后宮）為祀田，奉其為業主，媽祖田居民具永佃權，不得加租。一八三〇年（道光十年），李氏後代李中花欲收回先祖之地，經淡水廳同知李嗣鄴、艋舺縣丞趙秉湘訊結，認定李中花為占耕人，須返還田業。自此，祖田里居民固定向新莊慈祐宮繳納租金。日本殖民時期的山林丈量、戰後的耕者有其田政策，祖田里居民因政治因素皆未出面主張土地放領。

一八五〇年（道光三十年），李士霸、王士連、戴振法、周清榕等四人結首入墾大澳山（今媽祖田石門內），取得大豹社原住民首肯並代納蕃租，設隘寮開墾，日後此片土地成為媽祖田土地爭議所在。二戰之後，國民黨政府於一九四六年土地總登記時，將其劃入媽祖宮（神明會）所有；到了一九七六年，卻被新莊慈祐宮登記納入廟產，世代在此耕種的居民反而喪失了土地。[3]

自然資源富饒的媽祖田從日治時期以來就是一塊不祥之地。一八九五年（明治二十八年），日本總督府近衛師團「山根支隊」二十二人為前導，欲探三角湧義兵團實力，行經媽祖田，在大安圳水圳頭附近遭廖可溪等人率義勇軍襲擊，十九死，僅三人生還，史稱乙未年「大安寮事件」。[4]之後，日軍增派軍隊大力掃蕩，逢人即砍，媽祖田庄慘遭屠村，受難者葬於「殺人坪」。一九二八年（昭和三年）四月二十五日，日本殖民政府立「大安寮忠魂碑」悼念大安寮事件。

經過山本、海山煤礦的開發，隨著礦源枯竭，繁華落幕，榮與衰不過是轉瞬光陰，大安圳從一條清澈的潺潺活水逐漸靜止，下游成了汙濁死水。大漢溪幾次改道，離舊河岸愈來愈遠，原來溪畔的崁埕，成了環河快速道路，在環河路上疾行，已看不到河，車潮阻斷了人與河的連結。隨著都市化發展，傍河而居的聚落發展成現代化都市，人們離河愈來愈遠，逐漸忘了河的存在。

一九八八年，北二高工程經過媽祖田，慈安宮及周邊民宅被強制拆除，當地多數古蹟碑文也被摧毀。北二高完工，擺接堡環河快速道路開通，火葬場也來了，三不管的河岸新生地上出現禮儀社，送葬的隊伍集聚在北二高橋下，為原來已破敗的礦村增加戲劇性的場景，禮儀樂隊送行曲從淒厲的嗩吶聲，轉為江蕙輕柔的〈家後〉，未亡人野獸般的哭號，換成文明禮儀的哀悼。

一九九〇年代臺灣房價飆漲，中年轉業的礦工大多無力負擔房租，尤其是花東地區移居的原住民礦工，只能滯留在海山工寮內，外出從事營建、板模、搬運工作。一開始，礦主李儒芳感念原住民礦工在災變中的犧牲，體恤礦工無家可歸的處境，並未下令驅趕他們，因此，位置較遠的四座厝、十三棟以及後建的四棟工寮都被保留下來，供不願搬遷的阿美族礦工家屬居住。

收坑之後，原址的土地開發計畫如火如荼展開。李家的寶山建設公司除了對礦區內地主提告，收回地權之外，也對滯留工寮的礦工提告，要求其拆屋還地。[5] 其間，有三位礦工不服上訴，二〇〇〇年，新北地方法院再次宣判三位礦工應拆屋還地，按月給付海山公司一四五二至八九一元不等的租金，同時要負擔數萬元的訴訟費用。[6]

另外，有十二位原居於礦區的礦工主張他們的先祖在日治時期就向山本義信承租土地，並出具戰前租地耕種之繳費收據，想確認地上權登記請求權。最終板橋地方法院判決結果出爐，礦工依然敗訴，其中有五人是「未於被告海山提出主張拆屋還地之除去妨害請求權之前，確認設定地上權登記」，礦工雖然自山本炭鑛時期已在原地有居住耕作之事實，還是被判定占用海山土地。而其他礦工判決敗訴原因為：「本件原告等或其等祖先無權占有系爭土地時，係其等原向土地所有人即日人山本義信承租土地，光復後原土地所有人隨日軍撤走之際，竟趁亂強行繼續占有系爭土地數十年，卻不給付分文租金，實際上坐享租金減免之不當得利，並無法律上正當權源，任意占有、使用明知為他人所有之土地，無疑為一侵害他人權利之行為」。[7]

就像阿嬤不知道為什麼原來的山本炭鑛會變成海山煤礦，大多數沒有念過書的村民也不知道為什麼使用自己祖先世代開墾的土地會變成非法占用。

日治時期殖民政府以設定地上權方式提供民眾申請開採，私人僅取得礦區開採權，在礦區的私人土地也被迫出租給礦業主，劃入山本炭鑛區內。隨著山本炭鑛被國民政府接收之後，臺灣工礦公司以「耕者有其田」為名，將山本礦區的土地所有權從國家移轉到李家私人手上，原來山本炭鑛的礦區採礦權被轉為海山煤礦的土地所有權，世居此地墾殖的居民也變成非法占有海山土地。經過一番歷史爬梳之後，我才瞭解阿嬤說的「好的都被他們占占去」的真正意思。

在收到海山公司下達拆屋還地通牒之後，留下來的不是捨不得離開的世居老礦工，就是無處可去的原住民，工寮早成為他們的家。雖然礦工收入不差，但是原住民家中食指浩繁，賺的錢遠遠追不上高漲的房價，不少原住民礦工罹難者家屬用補償金買下他們在都市中的第一個家，但有更多原住民礦工堅持留在工寮。離鄉背井的阿美族礦工在工寮附近找了一塊地，自力建造教會，定期聚會禱告。無法回鄉參與 ilisin（年祀）的阿美族人，每年夏季盛裝參加在土城國中或土城運動場舉行的「聯合豐年祭」，歸鄉的路愈來愈遙遠，海山早已成為他們的新故鄉。

拆屋還地的開發腳步如蟄伏怪獸，等待時機發動攻擊。

那是一個天乾物燥的夜，工寮中突然有人大喊：「著火了，救命啊！」一時之間大家全都驚醒，跑出工寮，這場火造成十四號、十五號兩棟磚瓦木造工寮全毀，[8]有六戶、二十七位原住民的財物被燒得精光。事後官方初步研判是十四號附近電線起火，縣府核定發放受災戶每戶兩萬元急救慰問金，土城市公所另發給每位災民五千元急難救助金。雖然住戶代表黃英雄表達原地重建的意願，海山公司暫時安排他們入住旁邊空置的工寮。[9]

在海山煤礦工寮拆除之前，李登輝總統於一九九九年十二月二十五日訪視海山工寮，是最後一位到場巡視的政府高層。因為他的父親曾在南港煤礦工作，先前座車行經北二高時，遠遠就認出這片礦工工寮，一直到卸任前五個月才心血來潮，過來巡視。當時滯留工寮的礦工多數來自臺東池上、花蓮的原住民，也有少數漢人，人數共兩百多人。他逐一巡視居住環境，並詢問礦工的工作、小孩教育狀況，多數礦工都是臨時工，有的在工地，有的在樹林電子廠工作。一位來自嘉義的殉職礦工遺孀說自她先生過世之後，工寮管理人與勞保行政人員不斷趕她離開，當時她的小女兒只有四歲，無處可去。看到礦工的處境，李登輝感慨地說：「政府應讓所有老百姓的生活都改善。」向礦工表示他回去會設法，最好是在原地或附近興建國宅，並承諾大家會再來探望。[10]但他終究還是沒有再來，國宅構想隨後遭到臺北縣長蘇貞昌反對，理由是該區土地有八成屬寶山建設所有，占地三一五一坪，取得土地需一億八千多萬元，非縣府所能承擔。[11]

二〇〇〇年五月，臺灣首次政黨輪替，一個以臺灣民主為目標的新政黨上臺執政，或許是新政權百廢待興，礦工住宅問題再次石沉大海。為了回收土地，寶山公司決定支付滯留礦工五萬元搬遷費用，並代繳律師費，要求礦工拆屋還地。但仍有老礦工死守家園，不肯離去。由於礦工搬遷問題複雜，開設遊樂園計畫胎死腹中，礦主李家最終決定出售海山煤礦。

遠雄建設集團於二〇〇七年購入海山煤礦建安坑舊址，[12]總計二萬四千八百餘坪土地，後來又陸續向國產署購地，面積增至四萬二千坪，在末代臺北縣長周錫瑋任內，提出「乙種工業區變更為住宅區」，規劃兩千戶、七千人住宅區，擬進行大規模造鎮，建設「科技生態社區」。[13]

礦場產權移轉到遠雄手上之後，對礦工拆屋還地的態度轉為強硬，怪手再次來臨，此次如坦克車壓境，辦公區的事務所、中山堂、福利社、礦工澡堂、坑木場、倉庫、炸藥庫瞬間被夷為平地，職員宿舍、礦工宿舍也隨後被清除，海山礦區的建物無一留存，[14]連土地公廟也不放過，只留下連通事務所與倉庫之間的景觀橋。或許是原住民國宅與建商「科技生態社區」的開發意象相差太遠，最後臺北縣政府決定原住民工寮區改設「原住民生態園區」，作為科技新貴的後花園，以提升住宅價值。

隨著都市化的開發巨獸進逼，大暖尖南邊的祖田里也面臨拆屋還地的命運。二〇〇七年七月三十一日，三十多位外來者突然闖入寧靜的媽祖田農村，在法院強制令下，兩百餘位村民以及多位立委抗爭無效，怪手發動攻擊，溪頭路五戶磚房應聲倒地，媽祖田老村長王江全與居民焚香祭祖，跪地痛哭，二十餘位村民露宿待援……。居民信仰的媽祖無法護衛這片土地，當代國家的律法是無情的怪手，刨入尋常百姓的心臟，聲聲哀號，泥塑木雕的媽祖充耳不聞。

老礦工暗夜哭號，魂魄持續徘徊坑口守候。

臺北縣政府都市計畫委員會通過以市地重劃方式變更海山礦場地目。二〇一一年，中央都委會原則上同意規畫方向，但附帶要求須通過環境影響評估。海山礦區有六成面積是山坡地，基地下層坑道林立，位於斷層帶，是文化遺址、保育類動物棲息地，幾乎具備所有禁建的條件。環評委員曾要求遠雄公司補充地質鑽探及坡度分析、社會文化、環境規範等三項重要報告，三個月之後召開第二次審議，被要求的二十九項目中，遠雄公司竟有十三項未翔實補正。[15]

二〇一二年遠雄建設開發案的環境影響評估公聽會上，面對地方文史團體「毀滅式建設」的質疑，遠雄副總蔡宗義霸氣回應：「開發地將保留近兩公頃的土地作為公園用地，礦業博物館一定會規劃在其中，且遠雄現正在雙北興建臺灣棒球博物館、文化暨建築館，遠雄集團企業盼將博物館的典範確立後，再將其經驗移轉到海山煤礦博物館。」[16]

新北市城鄉局企劃審議科科長邱信智也幫腔說道：「海山煤礦若經文化局文資審議，有機會保留或朝博物館整頓。另外，遠雄建設的開發地將保留近兩公頃公園綠地，且過去民營業者也有自提文物保留在公園綠地的前例，城鄉局樂見業者主動留下土城共同記憶，屆時城鄉局願全力配合。」[17]

事後，檢調單位調查發現新北市議員周勝考曾多次向環評委員施壓，要求盡速通過該案的環境影響評估計畫，二〇一三年四月一日，他甚至在環評會上露骨表示：「本案並非與大自然爭地，本案已捐地四〇%，若再降容積就不用蓋了，這是地主權益。本案屬於山坡地，但其實是平地，新店很多地方才是山坡地；另外有關斷層部分，一〇一也是斷層，新莊地方也都是斷層，但委員的認真審查，我們也感受到，已拖很久了，希望本案能順利進行。」[18]

二〇一四年，朱立倫任職市長時，新北市環保局再以「臨時提案」方式，將海山煤礦環評案夾帶於議程中，最後「有條件通過」開發計畫。[19]環評結果送內政部都委會續審時，被要求就建築高度、山坡地開發與環境容受力等再做檢討，但是遠雄成竹在胸，對於都委會建議置之不理。隨後，遠雄集團創辦人趙藤雄因為五大開發弊案齊發，[20]被檢調單位收押禁見，海山開發案的司法調查開啟，至此海山的科技造鎮計畫停擺。

另一方面，原住民生態公園於二〇〇六年完工，由土城市長盧嘉辰主持，舉行祈福儀式，啟用「原住民祖靈屋」，臺北縣「原住民總頭目」陳錦榮率眾穿著傳統服飾參加。[21]生態園區入口原住民人形方柱，以排灣族半圓形琉璃珠串連成拱門，一旁有戶人家門上斗大四字「內有惡犬」，聽說一黃二黑會迎面撲人，令人不得不提高警覺。

進入生態池上彎曲的木橋之後，步道旁隨處可見穿著疑似臺灣原住民族服飾的人偶立牌，下面標示各族族名，簡介臺灣各原住民族的資訊，人偶個個面帶天真微笑，呈現原住民「樂天知命」形象，未經考據的花彩衣飾，認不出到底是哪一族。裝飾原住民圖案的休憩涼亭充當「集會所」，一旁有四根圖騰門柱的平臺則是舞臺區，旁邊石頭上用紅字標示「祖靈屋」，過了涼亭向下沿景觀步道前行，格格不入的裝置藝術彷如天外飛來一筆。斥資五百萬元打造的園區只有一座流動廁所，標示不清，沒有夜間照明，[22]啟用逾十六年來人煙罕至。

閒置的公共設施被人戲稱為「蚊子館」，[23]原住民生態園區可稱為「蚊子公園」，都是政治人物亂開政治支票，浪費納稅人的血汗錢創造的成果，「履蓋履閒置，履閒置履蓋」，公共工程委員會事後還得另編預算去活化再利用。[24]最近幾年，這個園區被列入國家前瞻計畫，又花費九百萬元進行改造，現已施工完成，除了入口的住宅牆面美化，一小段鋪面改為碎石路，只新增了一棟美崙美奐的廁所，其他什麼都沒動，站在原住民生態公園中，彷彿看到一群阿美族礦工光著上身，圍坐喝酒聊天，幾隻狗在一旁搖尾乞食，一群兒童嘻鬧跑過，這裡曾經是北漂阿美族的工寮，在臺北落腳的家園。想到被迫遷的原住民礦工家庭，突然感覺悲從中來。

1 大安圳興建於一七五五年（乾隆二十年），由板橋林成祖及其他業戶出資興建，自大漢溪右岸媽祖田堰取水灌溉，擺接堡地區才逐漸開發成農田。〈大安圳〉，農業部農田水利署，https://www.ia.gov.tw/zh-TW/media/StoryContent?a=109&id=450&p=1&listid=109。

2 山田伸吾，《臺北縣下農家經濟調查書》（總督府民政局支部殖產課，一八九九），頁一〇五至一〇六。

3 熊品華，〈以土城媽祖田的系統性思維〉，收錄於《土城媽祖田的移花接木真相》（媽祖田社區發展協會，二〇一九），頁一一〇至一一六。

4 王昇文、林炯任，《乙未年海山地區抗日誌》（臺北縣立文化中心，一九九五），頁一八一至二〇三。

5 臺灣新北地方法院八十八年度訴字第一三五二號民事判決，民國八十九年二月二十九日；臺灣新北地方法院八十八年度訴字第一三四〇號民事判決，民國九十年七月二十四日。參見司法院法學資料檢索系統，https://lawsearch.judicial.gov.tw/。

6 臺灣新北地方法院八十八年度訴字第一三五二號民事判決，民國八十九年二月二十九日。

7 臺灣新北地方法院八十八年度訴字第一五七四號民事判決，民國九十一年七月三十一日。

8 二〇二三年四月二十八日與十月二十六日，作者訪問海山羅隆盛主任。

9 〈土城市海山煤礦兩棟磚瓦木造工寮日前火警全毀　造成二十七人無家可歸〉，《中國時報》第十三版，一九九四年七月二十三日。

10 陳鳳馨，〈海山礦址走一遭　總統允濟貧〉，《聯合報》第六版，一九九九年十二月二十五日。

11 萬仁奎，〈海山礦區蓋國宅畫大餅〉，《中國時報》，二〇〇〇年一月十二日。

12 遠雄購入周邊永寧段五六九地號等六筆土地、大巒段四二一之一地號等五十九筆土地，成交金額十・四五億元。

13 鐘宜君，〈礦業遺產之消失——以海山煤礦為例〉，頁一二八。

14 鐘宜君，〈礦業遺產之消失——以海山煤礦為例〉，頁一一三至一一四、一一八。

15 梁任瑋，〈礦災區蓋屋　趙藤雄是怎麼闖過環評？〉，《今週刊》一〇七二期，二〇一七年七月六日，https://www.businesstoday.com.tw/article/category/80392/post/201707060026/。

16 鐘宜君，〈礦業遺產之消失——以海山煤礦為例〉，頁一一六。

17 劉彥甫，〈海山煤礦遺址建住宅　地方憂文史湮滅〉，《自由時報》，二〇一四年五月六日，https://news.ltn.com.tw/news/local/paper/776576。

18 臺灣臺北地方法院檢察署新聞稿，二〇一七年十月三十一日，頁一五。

19 梁任瑋，〈礦災區蓋屋　趙藤雄是怎麼闖過環評？〉。

20 二〇一七年六月二十九日，因涉及土城海山煤礦及新莊新亞電器土地分區變更案，遠雄集團總部以及新北市政府、新北市議會遭到臺北地方法院檢察署指揮搜索，趙藤雄再遭法務部廉政署約談到案，七月一日被羈押禁見。

21 吳文良，〈土城原住民公園啟用〉，《聯合報》，二〇〇六年六月二十一日。

22 朱培滋、張政捷，〈原民公園無人管　草長難見路〉，《自由時報》，二〇一一年七月二十八日。

23 依據行政院公共工程委員會二〇〇七年的調查，全臺灣有一〇八處，投入經費二二九億元，大多興建於一九九〇至二〇〇〇年間，舉凡停車場設施、文物館、觀光遊憩、社福設施到體育館場，此數字恐為低估之值，依據《今週刊》的調查，全臺閒置設施估計至少五百件以上，總建設經費超過二六一〇億元，參見林奇柏，〈為何臺灣淪為蚊子館王國？〉，《今週刊》一〇九七期，二〇一七年十二月二十八日，https://www.businesstoday.com.tw/article/category/80392/post/201712270011/。

24 〈閒置設施再利用，已成功活化一五九億資產〉，行政院公共工程委員會新聞稿，二〇〇七年九月二十六日，https://www.pcc.gov.tw/News_Content.aspx?n=C61062639C0CD29F&s=E64EF0D0754054EC。

24 抵抗

阿嬤收到海山公司拆屋還地的通知，就急著買房搬離，但是從東部被招募北上到海山工作的原住民可沒辦法說搬就搬。瞭解海山礦災的慘況之後，海山原住民礦工的流向成為心中揮之不去的懸念，我沿著大漢溪畔開始追尋他們的蹤跡。

早在一九八〇年代，就有許多東部原住民陸續北上工作，在大漢溪與新店溪畔聚集，形成都市中的原住民聚落。海山收坑之後，不少原住民礦工滯留在都市，從事營建或運輸工作，他們在土城周邊各鄉鎮尋找落腳處。大漢溪沿岸河床地成為部分礦災倖存原住民礦工的新家，離散之後再聚合，從三鶯大橋鳶山堰到大溪橋下的高灘地，新部落逐漸成形。

三鶯部落是社會大眾對集聚於三鶯橋下阿美族原住民部落的通稱，人數最多時曾達百餘戶，聚落範圍長約兩公里，寬約一百餘公尺，[1]分為上、中、下部落，上部落即南靖部落（今三鶯路三十一巷十七弄），人數最多時有八十餘戶，中部落是現稱的三鶯部落（今三鶯路三十一巷），也有近百戶，下部落（今三鶯路八十三巷）已被清理拆除。南靖部落後來改名為「吉拉箇賽」（Cilakesay），族語是樟樹的意思，代表臺灣的原生植物。但是在大漢溪的高灘地可不能種樟樹，於是族人種了香蕉、木瓜、七里香，甚至帶來東海岸部落的代表作物——小米。夏日夜晚的河堤上，總有人坐著聊天、喝酒，月光下清風徐來，冬天則在住家前升火取暖，烤肉、閒談，彷彿回到原鄉部落生活。

二〇二二年夏末傍晚，藉由導航系統，穿過彎曲的河岸便道，我初次來到海山礦工人數最多的南靖部落。現居戶Karu（漢名蘇萬法）來自花蓮玉里，一九七四年移居臺北，先在海山礦場工作一年多，因為受不了坑內動輒四十度的高溫，改行開拖車，後來轉到南港鐵工廠工作。他回憶在南靖落腳的前三年完全沒有水電，只能透過發電機提供電力，南靖部落的住戶前後大約花了兩百萬元，才將原來堆滿建材廢棄物的河岸清理完畢，整出這片平地，各戶配上化糞池、水管等基礎設備。部落極盛時曾達七十七戶，現在只剩五十多戶，三鶯部落那邊只剩四十多戶。[2]原來種小米的農地被新北市政府禁止種植，失去土地根源的金黃小米穗集結成串，倒掛在客廳，成了與家鄉連結的裝飾品。

隨著入住原住民人口增加，一位住附近的外省籍老伯伯建議他們命名為「古來」，因為原住民從古早就來臺灣了，所以應該叫「古來部落」，此外，部落中也有人自我命名為「福爾摩沙部落」。古來也好、福爾摩沙也罷，都是三鶯橋下阿美族的次群體，在漢人眼中都是阿美族人，但其實他們來自花東的不同部落，有不同的文化與服飾，藉由都市中的自我命名，重建部落的認同。

林啟漢(原名林阿龍)聊起他在一九九一年遷移三鶯橋下的經驗。原居臺東池上，父親與大哥先來海山礦場工作，之後他也跟著北上，進入礦坑作掘進工，雖然工時短，收入不錯，但因為使用炸藥推進，隨時可能面臨落磐、瓦斯突出的風險。那時海山礦業尚興，礦工生活很愜意，他每天早上五點出門，下午回到工寮休息，傍晚還可以去河邊抓魚。當時木工一天才賺百來元，礦工日薪五百元，但他最後還是因為忍受不了坑內的高溫，決定離開礦場，改去開砂石車，也因為提早離開，幸運躲過一劫，他的三哥、姊夫都在礦災中殞命。

在臺灣營建業鼎盛的時期，大漢溪盜採砂石猖獗，林啟漢經常進出大漢溪河床，發現有兩、三戶阿美族人家，一問之下才發現他們也是從東部遷移來此，當時的河床地是三不管地帶。他觀察到三峽的河川地比對岸鶯歌還高，應該不會淹水，是理想的居家環境，河床上滿是傾倒的廢建材，正是現成造屋材料。搬居來此時已有Jarusan一家人入住，他算是第二位移入者。後來族人陸續跟進，大漢溪沿岸阿美族人愈聚愈多，大多數白天在城市的工地做板模、水泥工，接觸到蓋屋技巧，現學現用，蓋出自己的家，以木板、板模當牆壁、竹子或木條充梁柱，從各處撿來的大幅競選、廣告塑膠布，蓋在屋頂與牆面上，再用廢棄汽車輪胎壓住，成為屋頂防水層，每個家都是廢棄物組合再利用的拼裝創作，各顯巧思。

一九八五年八月，颱風接連來襲，洪水沖毀三鶯大橋橋墩，橋面塌落三十公尺，自來水輸水管也被大水沖斷六十公尺，之後三鶯大橋屢建屢斷，重建多次造成地方交通不便，又要收過橋費用，引發民怨。三鶯部落正位於大漢溪的行水區內，又爆發縣府得標的不良廠商在此丟棄四百桶有毒液體，造成嚴重汙染，行水區的整頓成為縣府當務之急，希望一併化解民眾對於三鶯大橋公共工程品質的不滿。[3]

尤清縣長時代（一九八九至一九九七年）以「臺北第三期防洪整治」為由，自一九九四年九月開始，對大漢溪沿岸的違建戶展開整頓，要求屋主十五天以內主動拆除。一開始拆除作業完成之後，對於違建戶並無救濟，也無安置措施，後來才發放每戶兩萬元的拆遷補償費。一九九四至一九九六年之間，縣府拆除大隊在模板牆柱上噴漆，通知住戶拆除日期，四度動用怪手拆毀原住民住宅。

最初，收到拆除通知，居民很認命地搬出家當，先在周邊搭上棚架，作為暫時居所，讓拆除大隊行禮如儀地拆除地上物，拍照回去交差。後來在政治壓力下，拆除大隊執行愈加徹底，不僅拆斷梁柱，推倒建物，甚至開挖水泥地板，拍完拆除現場照片之後，更運走廢建材，設置活動柵門，在柵門旁挖出延伸至溪畔的壕溝，阻止重蓋違建。

拆了又蓋，蓋了又拆的結果，原住民違建房屋面積愈來愈小，有的從五十坪縮小到二十多坪。[4]林啟漢的房子總共被拆了七次，最多一年被拆兩次，他瀟灑地說：「拆完後先把地掃一掃，整理乾淨，晚上繼續留在原地睡覺，第二天又蓋起來了！」雖然他說得一派輕鬆，重建其實相當耗時，要撿拾河邊廢建材，立柱、建牆，一點一滴，慢慢恢復家的樣子。

原住民礦工在都市的家是用寶貴生命換來的。林金妹的先生吳新發在海山礦災中罹難，原來她也要進海山工作，先生不願意讓她辛苦工作，因而留守家中。災變發生那年她三十歲，帶著國小三年級與六年級兩個小孩，總共領到一百五十餘萬的撫卹金，她用現金七十二萬元在土城中央路三段買下一間五樓、二十八坪的公寓，全家有了容身之所。目前土城公寓讓給兩個孩子住，她說自己已經爬不上五樓的公寓，一個人回來南靖部落居住。

她的哥哥林金生（Ansin）今年八十多歲，是海山災變中的救難英雄，先來南靖部落定居。林金妹後來認識了現任老公，一個從事木工的阿美族人，也開始在三鶯橋下搭起自己的家，她先生因為酗酒過度，已經辭世。在三鶯的房子總共被拆三次，搬到南靖又被拆了一次，她說幸好有社運學生來，提供他們蒙古包居住，房子重蓋之前才能擋風遮雨，鶯歌鎮長也協助蓋帳棚給他們暫住。

三鶯橋下的原住民幾乎都有房屋被拆的經驗，但是政府一次又一次的拆除行動，沒有辦法阻止他們想要在城市安身立命的渴望。三鶯部落的迫遷行動引發世新大學學生的關注，開始投入反迫遷的抗爭行動，逐漸引起社會大眾的關注。一九九六年，在社會輿論壓力下，尤清縣長終於承諾規劃三峽龍恩埔段土地，作為原住民社會住宅用地。

一九九七年，蘇貞昌主政時期，開始提供三鶯部落臨時電力，[5]並提出安置計畫，由原住民委員會出資，建設「三峽原住民文化部落」。三峽原住民文化部落於二〇〇七年周錫瑋縣長任內完工，總共有一百五十戶，每戶三房一廳，一般住戶月租三千至六千元，在寸土寸金的臺北都會區實屬難得，僅具低收入戶資格的原住民可以免費入住，結果只有三十戶原住民願意入住，其他人寧願滯留於三鶯橋下。

對比於破落的南靖部落家屋，住進美麗的現代都市高樓中，他們像被釘在玻璃框內的蝴蝶標本，無法自由飛翔。社會住宅與原鄉居住的自然環境迥異，適應不易，住戶原、漢混居，與原來阿美族群網絡斷裂，加上原住民多從事臨時性工作，收入不穩定，有些中籤入住者因付不出月租金又被趕出來，最後只剩下二十一戶，其中二十戶也因繳不出租金，面臨搬遷壓力。

臺北縣政府以安置計畫完成為由，二〇〇八年二月，拆除大隊再次掃除三鶯部落，進行三波密集的拆除行動，這次不但出動怪手拆屋，居民也被警察包圍、驅離，無法留在現場，負責拆除的水利局表示此處要改為農耕園區，並已發包整地。居民組成自救會抗爭，與政府協商，要求原地居住。十二月十九日，導演侯孝賢在臺北賓館前，與五十多名三鶯部落居民集體落髮，抗議政府壓迫原住民，文化界人士朱天心、陳雪、楊儒門、姜聖民、林靖傑等人到場聲援，合唱勞動者戰歌與原住民歌曲，齊聲高喊：「三鶯部落，抗爭到底！」抗議者一度想集體步行到總統府遞交陳情書，與八十餘名警力推擠，最後只獲准派兩名代表送陳情書到總統府。

二〇〇九年，三鶯部落拆除工作暫緩，但是南靖部落卻又被拆除十餘戶，至今只剩七十七戶留住。社會住宅住戶居民流回原住處，加上新移入的住戶，形成新的三鶯部落違建，依然過著無自來水、靠發電機供電的生活。二〇一四年，林啟漢和族人一起去見縣長蘇貞昌，縣府終於同意核發臨時門牌，以專案方式提供電力，水源則是由居民自行挖取地下水使用。雖然政策方向是朝重建進行，但討論進度停滯，未形成具體結論。

二〇一六年，市政府與自救會發展出原住民、政府和民間資金合力建屋的「三三三模式」，在三峽臺北大學校區旁承租三．四公頃土地，興建四十二戶、兩百人的住宅，作為「三峽原住民族生活文化園區」，三鶯部落居民與國有財產署簽租約，易地重建，租約二十年，期滿後族人擁有優先承租權，水利局也接手舊三鶯部落，建造親水設施。規畫中估計每一戶家屋的成本（包含地下基礎建設）約一百五十萬元，建設經費三分之一由族人自籌，三分之一政府出資，剩下三分之一由居民向銀行貸款，政府作擔保。[6]三鶯部落重建獲得社會大眾的捐款支持，最後每戶造價一百萬，政府出四十萬，每戶出六十萬，土地租金每年九千多元，[7]家屋分成三十、六十與八十平方公尺三種輕鋼架房型，建成整齊劃一的樣板住宅，附設藝文廣場、部落聚會所、籃球場及特色農園等公共設施，成為完善的新部落。

四十二戶入住園區的原住民家庭經濟較佳，有現代家具、汽車，門口裝飾著原住民特色的圖騰彩繪，有的放了盆栽，有的在院後種植各式草花，有如獨棟別墅。完工之後的住宅雖然美崙美奐，但園區生活也有諸多限制，除了不能於公共區域豢養動物之外，明訂禁止其他違反善良風俗、影響公共安全或不法之行為，包含酗酒、鬥毆、鬧事、聚賭、吸毒、妨害風化、竊盜、收受或收買贓物等情事。[8]在這個美麗的新家園中，原住民被要求學習現代化的集體生活。

仔細一看，公共空間還是出現不少的狗，住宅後面空地有人偷偷養鵝、種菜，原住民與土地之間的有機連帶是很難被剝離的。為了下一代的教育與生活，選擇搬入社會住宅或園區的原住民，不僅生活方式改變，也改造傳統文化價值觀，一旦搭上現代化生活的浪潮，像釘在玻璃框中美麗的蝴蝶標本，永遠失去展翅飛翔的能力，但是他們也在都市不透水鋪面縫隙中，落下了一顆顆野生的種子，等待發芽的時機。

滯留在大漢溪河床南靖部落的原住民，則繼續過著阡陌交通、雞犬相聞的部落生活。每逢假日，河岸就熱鬧起來，大家在堤防邊烤火、喝酒、聊天，解除一週累積的工作疲累與壓抑。河岸聚落是家，自己打造的家，守護家園仍是一場永無止境的抗爭……。

1 楊士範，《阿美族都市新家園：近五十年的臺北縣原住民都市社區打造史研究》（臺北市：唐山出版社，二〇〇六）。

2 二〇二二年八月十一日，作者於南靖部落訪談蘇萬法。

3 臺北縣副縣長李鴻源表示三鶯斷橋的主因是因為上游建了鳶山堰，疏於淤沙所致。

4 柯賢城，〈都市邊緣原住民家庭生活之考察：以三鶯部落阿美族為例〉（東吳大學社會工作系碩士論文，二〇〇二），頁五二。

5 每戶須支付接電工程費六千元，電表費用一千元，且臨時電價約為市價的兩倍。參見林冠宏，〈都市邊陲的抵抗：三鶯部落違建運動個案〉（臺北大學公共行政暨政策系碩士論文，二〇一一），頁五三。

6 林雨佑，〈臺灣第一個都市型部落誕生：三鶯部落「三三三模式」的異地重建想像〉，《報導者》，二〇一六年十月二十日，https://www.twreporter.org/a/urban-sanyingtribe。

7 二〇二二年八月二十三日，作者於南靖部落訪談林東漢。

8 《新北市三峽原住民族生活文化園區維護管理要點》，二〇二〇年七月十四日，https://www.rootlaw.com.tw/LawArticle.aspx?LawID=B020280001005200-1090714。

25 思念

家人離去的日子久了，刻骨銘心的痛苦減輕，哀傷也隨之淡去，終至忘了阿公、賢仔、進發的祭日是哪一天，阿嬤決定將所有逝去的親人統一在八月十五日共同祭拜。家中沒有任何祖先牌位，只是例行燃香、燒紙錢，但每一張家人的照片都被悉心保存下來。

礦場很早就流行拍照，瑞三煤礦的周朝南會帶相機入坑為礦工拍照，曾出版一本攝影集《礦工歲月一甲子》，記錄坑內礦工的勞動影像。他說這是為了讓礦工的家人知道坑內工作的辛苦，出坑之後喝酒時比較不會被家中的女人叨唸。其實也是為家人留下紀念照，坑內工作風險高，朝不保夕，總要給家人留些記憶，證明自己曾經存在過。

阿嬤與阿公沒有留下任何合照，他們結婚時攝影還不普及，自然沒有婚照，但後來她與進發也沒有合照。倒是在阿嬤家中發現了一張奇怪的巨大黑白照，隱隱透露不祥之感。這張照片上所有的背景都是預先畫好，只是貼上阿嬤新畫的頭，她穿著大黑色的套裝，裡面是旗袍領的衣服，兩手交疊在小腹前，左手戴著手錶，穿著裹腳式高跟鞋，端坐在木椅上，右邊的圓桌上有一盆花，左邊牆上掛著半幅仕女圖，畫中的阿嬤擺脫了灰頭土臉的礦場女工形象，化身為高級家庭的貴婦。

將先人的頭像直接剪貼在印刷好的背景畫上稱為「貼頭仔」，是過去臺灣流行的一種廉價祖先照。那時賢仔才剛離世，進發塵肺病開始發作，意識到自己可能來日不多，正好有位畫師來到土城為人作畫，進發特別請他為兩人各預留了一張遺照。

進發的那一張貼頭仔因為房子漏水早已損毀，據媽媽的印象，進發穿的是中式長袍，她出門之前畫師來家中為兩人作畫，回來之後就看到已經完成的畫作。阿嬤一直悉心保留著，放在床邊櫃子上，每天睜開眼就可以看到。天天對著自己的遺像有種說不出的詭異，或許這是一種礦工之間生死相許的愛情承諾。今世無法同生共死，但盼來世能再續前緣，期許阿嬤能出生於富貴人家，不必在暗無天日的礦場工作。

小時候在萬華看過一位畫師專門畫遺像，在相機不普遍的年代，一個人一輩子可能就只留下一張遺照，作為曾經來過這個世間的紀錄。我想找到畫師，復原進發那張亡佚的貼頭仔。阿嬤的貼頭仔沒有留下畫師的名字，左下角寫著「彰化市復興美術社，於己酉年手作」（一九六九年），在網路上沒有查到這間美術社的資訊，在地開業四十年的礦溪美術社老板表示沒有聽過這家店，這也難怪，畢竟那是他開店之前二十多年的事了。據《光華雜誌》的報導，位於臺北圓環的一筆畫室有畫祖先照，但電話不通，我按址索驥，發現早已人去樓空，現址改為一家早餐店。後來，又在《公視》記者大暴龍的介紹下，聯絡上雲林土庫的王增和老先生，八十多歲的他已經很久沒做「仿頭鬥身」的傳統貼頭仔了，底圖早已佚失。

失去的東西有時候就真的永遠失去了，但是記憶卻能在人的腦中長存。

印象中不論何時看到大舅媽，都是一副樂天知命的笑容。大舅媽認識大舅時，大舅是跟車的貨運工，那時根本不知道他當過礦工，更沒想到結婚之後他會重操舊業。大舅媽回憶當初提親時，她家門前有個大斜坡，大舅走得氣喘噓噓，險些爬不上去，大舅媽苦笑說：「彼時肺應該就無好矣。」（那時肺應該就不好了。）當時被愛情沖昏頭的她，還是不顧父親的反對嫁給了大舅，她笑說：「人攏笑我貪著你大舅緣投（iân-tâu）！」（人家都笑說我是看上妳大舅帥！）確實，年輕的大舅真的很帥，又能言善道，大舅媽對他一見鍾情，這門親事是她自己決定的，堅持要嫁。

大舅媽回憶初嫁進門時看到的宿舍場景，真的嚇了一跳，家徒四壁，只有一臺舊的大同電風扇，一頂補了又補的蚊帳。家人嘲笑她：「無門的厝嘛敢嫁！」（沒有門的家也敢嫁！）原以為嫁人之後日子會改善，沒想到卻比她農村娘家經濟狀況更差、更貧困。更沒有想到大舅英年早逝，無法白頭偕老。

所有逝去親人的照片，都成了化解思念痛楚的藥方。大舅媽拿出一本她精心黏貼的彩色相簿，封面是一張熊寶寶與兔寶寶野餐的卡通畫。打開相簿，第一頁是兩人的結婚照，上面貼上了大舅媽用色紙折成的紅心，次頁是結婚證書，見證白首偕老的誓盟。照片從黑白到彩色，看到大舅媽從小女孩到小姐、未婚到結婚、中年到老年的變化。她和大舅一起拍照時，總是喜歡擺出小鳥依人的姿勢，靠在大舅身上，或故意挽住他的手臂，她說：「妳大舅無佮意，我攏刁工（thiau-kang）甲伊攬矣！」（妳大舅不喜歡，我都故意摟著他！）在民風純樸的年代，大舅總是認為拉拉扯扯不好看，但是大舅媽就喜歡曬恩愛。

大舅媽還珍藏著一個與海山一坑相關的大牛皮信封紙袋，袋中有大舅的各項證件，從板橋中學的畢業證書、當兵令、退伍令、海山煤礦優良礦工的獎狀、社區發展協會理事以及各種大大小小的受訓證書，標示著大舅一生不同階段的經歷。這些大舅媽參與或沒有參與的大舅生命歷程，一一被她珍藏下來，不管在其他人眼中，大舅是怎麼樣放蕩不羈、花天酒地的男人，大舅媽始終如一地守著她的家，與對大舅白首偕老的誓言。

如果那時舅媽知道大舅是礦工，還願不願意嫁？家人會不會讓她嫁？男人早逝是許多礦村女性的宿命，即使未因礦災而英年橫死，也不易熬過塵肺病大關，終究難以白頭偕老。礦災之後，礦場的女人不但要承受喪夫之痛，還得獨立擔起養兒育女的責任。失去男人之後固然傷心欲絕，以淚洗面，但日子總是要過下去，如果沒有離開礦場，以遺孀之名，她們的感情、欲望與歡愛都要隨著男人埋入不見天日、暗黑幽深的坑底。

男性礦工明知妻子的辛勞，但仍無法脫離「褲頭結做伙」的男性情誼，一群同生共死的兄弟一起抽菸、喝酒、賭博，是彼此認同的義氣，出了澡堂之後不是回家，而是相約賭錢、上有粉味的茶店仔，礦村中男性瀰漫著今朝有酒今朝醉的享樂主義，化解坑內工作如影隨形的死亡恐懼。

二〇一二年，阿嬤當選年度土城區模範母親，辛苦工作為家付出了一輩子，阿嬤終於獲得了肯定，事蹟載明：「早年喪偶及長子年幼夭折，為扛起家計曾擔任水泥工、礦場雜工，生活艱辛，年復一年度過，拉拔子女長大成人，如今子女在事業上個個安定，事業有成，家庭和樂美滿。自己也以身教重於言教，與子女都熱心參與社區公益，出錢出力，對鄰里環保不遺餘力。」母親節當日接受新北市政府的表揚，以一生艱苦做工換來一日榮銜，官方的肯定總結她這一輩子的成就，她終於實踐了心願——帶子女永遠離開礦場生活。

無獨有偶，時隔九年之後，二〇二一年五月，大舅媽也獲得模範母親的殊榮，家中兩位礦場女性熬過喪夫之痛，獨立養兒育女，成為母親楷模。阿嬤、大舅媽順從父權社會，努力成為好妻子、好媽媽、好阿嬤，她們對於母親角色的認同與實踐，對於家庭及家人無私的付出與犧牲，是支持礦工家庭走出生存逆境的力量。

26 回歸

悲慘的記憶究竟該遺忘或保存？時間再久一些，人們逐漸失憶，忘了坑內出不來的弟兄，忘了曾經許下海誓山盟的摯愛。瞬間爆發的礦災、如附骨之疽的塵肺病，祖田村一整個礦工世代凋零殆盡，失去土地之後人口不斷外移，原本八千人的農村減少到一千多人。阿嬤說：「像我這緣（iân）攏無矣，少年的嘛無矣，海一的收去矣。」（像我這個年齡層的人都不在了，年輕人也不在了，海山一坑收起來了。）在海山幸運逃過一劫的礦工，不少人轉到海一礦場工作，半年後不幸遇難，大舅是少之又少的幸運者，連續躲過兩次災變，但終究躲不過塵肺病的追擊，難逃礦工短壽的宿命。

我不知道礦村要不要保留？為誰保留？又如何保留？只能從目前尚存的礦業聚落尋找答案。海一礦場成了横溪恩主公護理之家，大溪煤礦建了靈骨塔，其他偏遠的礦村若非永久封存，就是成了與死亡印記相關的地景，只有遠雄公司對海山礦場提出科技造鎮的計畫，無懼地下坑道掏空了土地，捨石地質引發土石流的風險，擬對受過傷的土地再進行大規模開發。

當老一輩開拓者離開，年輕的礦主已不記得祖先當年篳路藍縷、開基創業的艱辛，但在北海岸猴硐的瑞三煤礦，一群退休的老礦工可沒有忘，決定留守家園，在本礦坑口守護著屬於他們世代的礦場記憶。他們向李家租借充電室與更衣室，成立猴硐礦工文史館，蒐集礦業的生產工具、電池、礦工名牌、老照片等展示陳列，由老礦工親自為遊客義務介紹解說。

近年來猴硐因「貓」而聲名大噪，貓的數量是鎮上人口的兩百倍，貓影無所不在，假日賞貓人潮絡繹不絕。遊客一到，戴著列車長帽的喜感貓咪裝置在月臺上迎賓，車站外，老遠就看到大型貓咪塑像盤踞聚落屋頂，轉角遇到貓，或坐或臥，虎斑、黑白、雜花的，各色各式，姿態不一，有時完全無視人的存在，悠閒地梳理腿毛，有時和人玩一下躲貓貓遊戲，膽子大的甚至跳到人身上磨蹭，為旅客帶來各種驚喜。車站前搭建了巨大的貓橋，橋上設供貓咪上下跳躍的跳臺，一路引導遊客通往貓的聚落，那裡有貓公所、貓車站、貓咖啡店、貓餐廳、貓紀念品店，各式貓的彩繪、裝置藝術立於巷弄之間，供旅客打卡分享與貓的邂逅。

在鐵道另一側的礦村，除了旅遊資訊中心之外，有整修中的整煤廠與礦工宿舍。穿過沒落的內店仔街道，可抵達猴硐礦工文史館。沿著河岸一路走過去，是死氣沉沉、頹圮的礦場遺跡。老礦工們憂心忡忡，擔心人們只知道猴硐是貓村，忘了這裡曾經也是個礦村。

另一座被保留下來的礦村是臺陽顏雲年家的菁桐礦場，石底大斜坑如今成了景觀公園，這座全臺開採最久、範圍最廣、最大的礦坑，成為具有吸引力的觀光礦村。一到菁桐車站，黃色柴油機關車停在鐵道旁，前方掛著聖誕花圈，在溫馨的聖誕節過後孤零零地立著，不知怎的，看來有幾分像出殯的靈車。巨大的選洗煤場成了「碳場咖啡」，卸煤廠成了景觀臺咖啡，坐在咖啡座，俯視基隆河蜿蜒穿過村落，河道改了，老橋斷了，景物不再依舊，人事已非。

車站旁巨型的現代天燈館聳立，福利社前人潮如織，遊客逛著菁桐老街，在礦業生活館的舊照片中，遙想當年礦村繁景。少數人會爬上階梯，走到石底大斜坑，只剩基座的機關車車庫、事務所、中斷了的臺車軌道、倒塌的工寮，落葉堆積、路面破碎的捨石山步道，透出幾分淒涼。基隆河上的中埔鐵橋換上大紅外衣，改稱情人橋，迎合年輕客群的浪漫想像，南岸白石村有太子賓館以及日式宿舍群，改建為北海道民宿以及皇宮餐廳，礦工工寮幾乎頹圮倒塌，而日治時期紀念礦災的慰靈碑聳立一隅，見證礦業的悲痛記憶。

清明時節的霏雨中來到新平溪博物館參訪，由一位在地的年輕女性導覽員進行解說。她要我們先選工地安全帽，不同顏色是不同工種佩戴的，白色是管理人員，藍色是安全負責人，黃色是一般勞工。我選了頂黃色的，跟著導覽員鑽入體驗訓練坑道，在伸手不見五指的黑暗中，像初盲者般彎腰低頭，小心踩過凹凸不平的軟地面。真正的坑道像地洞，適合土撥鼠之類的動物穿梭，人類演化成現代直立人已久，要回到手腳並用、匍匐前進有點困難。不過短短數公尺的距離，在闇暗中被不安拉長成了數百公尺，一直到出了坑道，轉身才發現坑道入口就在旁邊。

流連於一片新綠的臺車鐵道上，看著臺車沿著鐵軌一路延伸到圓拱狀的坑道口，盡頭是光亮的鐵柵門，隔離坑內的臺車道，最深的盡頭是不可見的黑暗。透過一幀幀的黑白老照片，遙想當時赤身裸體的男礦工，用力剷著煤渣幹活，挖出煤炭黑金，而無用的石渣日積月累地堆高捨石山，地掘得愈深，山即堆得愈高。

當大多數男性礦工選擇離開不需要勞力幹活的夕陽煤業，礦場女性反而留了下來，持續守候臺灣礦業的記憶。獨眼小僧臺車由戴著斗笠、包著面巾的美霞阿姨駕駛，搖搖晃晃、kilikolo（形容列車在軌道上的聲音）地駛過平交道。列車載我沿著綠意盎然的基福公路行駛，在選煤場前戛然而止，過去滿載煤炭的成列臺車在此進行一百八十度大迴轉後，傾瀉而下，激起數丈高煤塵，空的臺車再轉回坑口，進行下一趟的運行。還是有人不想遺忘，想要留住那些美好與痛苦、快樂與悲傷，五味雜陳的記憶。

我決定重探消失的海山煤礦。先從阿嬷住了一輩子的媽祖坑開始。從頂埔往三峽方向，一穿過高架的福爾摩沙高速公路，左轉即為龍泉路（媽祖坑古道），擺街堡路與中央路的交叉口就是媽祖坑舊炭埕所在，離坑口約一公里多。另外一條岔路上坡通往三峽火葬場，送葬的車隊往往從擺接堡路，一路敲敲打打過來，最後一哩路了，住了一輩子的都市，最後看一眼大漢溪吧！河道已經退得離岸太遠，只能望見草皮、停車場、球場。

進入龍泉路之後，經過慈安宮以及數十戶鐵皮屋，水泥農舍零落散布路邊。雜亂是臺灣鄉村共通的地景，屋頂蓋上不合時宜的鐵皮，紅的、藍的、綠的，能有多顯眼就多顯眼，各式違建，方的、長的、不規則的，像拼貼的狗皮藥膏，治不了大地的創傷。人去樓空的磚房，斷垣殘壁，綠蔓枯藤、老榕氣根糾結纏繞，一絲蕭瑟，幾分荒涼。沿著魚腸小路蜿蜒前行，突然大片綠色鐵皮包覆的大、小廠房密布路邊，羅列圍成一堵高牆，有些殘破的農舍成了磁磚洋房，五顏六色，新舊夾陳。或許是陰氣太盛，大小寺廟不少，有家廟門供著門神秦叔寶、尉遲敬德，另迎關羽、張飛坐鎮，防阻魑魅魍魎，讓妖魔鬼怪望風而逃。擋得了山野鬼怪的入侵，卻佑不了活人無病無災。空氣中間歇飄來刺鼻的化學藥味，溪水染上不同色彩，還有不堪入目的廢棄物，塑膠、鋁罐、紙盒⋯⋯。人們索性將下游河身加蓋，眼不見為淨，卻蓋不住撲鼻惡臭。

雖然近在咫尺，除了清明掃墓之外，沒什麼機會回去探望。小時候參加過一兩次掃墓，不記得阿公的墓在哪裡，更不知道進發的墓在哪裡。他們曾賣命工作、生活一輩子的礦場，如今成了一座汽車墳場，進入圍牆之內，發現坑口已經封閉，地底亡魂永被禁錮，連坑口的兩棵大榕樹也被移除，新生了一棵龍眼樹，僅剩職員宿舍陷落在路旁，原本是倉庫、電工間，現在成了廢墟。隔路對著有應公，捨石山旁成了土城第八公墓，處處充滿死亡氣息。汽車墳場正對面墳塚櫛比鱗次，有的是黃色磁磚滾紅邊山牆，配明山、秀水假窗，有的是簡簡單單一堆土，綠草如茵；墓碑訴說亡者各自的人生，金字鏤刻姓名、祖籍、生歿日期，也有墓碑崩裂傾陷蔓草之中。長壽短壽，皆如白駒過隙，歹命好命，盡成過往雲煙。

我轉入橫溪，在大同公司對面的溪東小巷找了半天，終於在住宅區巷弄中看到三通坑的捲揚機房，一旁人家養了一隻黑犬看守，我們在呲牙裂嘴的汪汪聲中走進綠色網狀小門，發現裡面有人養蜂，還有幾隻蜜蜂在外偵防，避開蜂群，從捲揚機房外的小石階進入，想來坑口與捲揚機房應該會呈成一直線，繼續往前總會找到坑口，沒想到下了捲揚機房，在姑婆芋叢生的草徑上，突然出現一片參天的榕樹林，再前進不久，三通坑口即在眼前，坑口雖被榕樹氣根纏繞，那個留給礦工魂魄出入的孔洞仍明顯可見。

最後，轉到永寧，我繼續尋找海山建安舊坑遺跡。礦場四周鐵皮圍牆層層環繞，入口處標示著「私人土地　全天候錄影中」，門口四個藍底白色大字「遠雄建設」已被抹除。遠雄弊案被揭露之後，整個海山礦區被鎖在高聳白牆之內，只留一條兩側高牆夾立的蜿蜒車道，成為無名荒地。

回到坑口路旁的大榕樹下，角落的福德祠已經拆除，幾隻土狗徘徊，小小的礦工修行者祠堂隱身於白色圍牆之後，隱約可以窺見巨大水泥基座。沒想到還有人不願意離開，他們在祠堂前吃喝聊天，有人告訴我坑口已經封了，舊坑就在對面圍籬後面，新坑可以從前面小門進出，還提醒我要帶刀開路、穿雨鞋，小心蛇類出沒。

從對面圍籬進去，已經是巨大姑婆芋的家，滿地的垃圾、廢磚，我一下子就被蘆葦割破了手，建築物已拆除一空，僅餘碎落磚牆與壁邊梁柱，沿著隱約的路徑，一步一步小心移動，以免踩到不平的廢棄磚石，沿路除了宿舍的廢建材，還有一堆垃圾，一頂白色礦工帽覆在土裡，像一顆蛋。跨過一棵倒木之後，出現一座鐵橋，跨越小溪溝之後，對面是一叢竹林，海山舊建安坑就隱身於竹林後，一座紅磚牆打造的方型堡壘，下方為拱形的坑口，進入坑道，可以看到已用磚牆封存的坑口，坑道中間有新磚補上的痕跡，下方有一個孔洞，用手電筒照射，還可以看到臺車鐵道。出來爬到坑口上方，是一道紅磚駁坎，上方有一座磚房，難以想像這裡是建安坑的原始坑口。

已經找不到從建安舊坑走到新坑的路徑，退回馬路向外走，發現左邊白色圍籬有扇未上鎖的門，推開之後，又是一片荒煙蔓草，爬滿綠蔓的景觀橋，高高橫在眼前，見證海山煤礦曾經有過的繁華。穿過人行景觀橋前行數公尺，進入積水爛泥地，漸行漸深，寸步難移，只得退回，繞路爬上旁邊的駁坎，揮刀劈開雜木蔓草，勉強推進數十公尺後，遠遠看到綠椰樹下的礦坑口，石磚加封，彷彿一座城堡，上面題著「海山本鑛」四個大字，當初遺留給礦工亡魂進出的三個小孔洞只剩最上方猶存，坑口前積水成塘，片片桐花落了一池。

這裡曾是數一數二的大礦場，不可一世的日本山本炭鑛、臺灣海山礦業的根基所在；這裡曾是數千人居住的繁華礦村，來自四面八方的礦工群聚工作、雞犬相聞生活；這裡也是礦災巨變的現場，數十個家庭喪失至親的傷心地，天人永隔，生死茫茫。礦災的淒厲哀號，迫遷的痛苦流離，受盡苦難的人們離去之後，礦場淹沒於荒煙蔓草間，回歸自然，深掘的大地傷口正逐漸復原中。

逝者已矣，大地安息。

上圖：海山礦場入口，整片礦區已被白色圍籬包圍。
下圖：礦工自行建立的礦工修行者之位祠堂，
紀念一九八四年海山災變死去的弟兄。

海山建安村的土地公廟

土城天蓮宮，原位於建安坑礦場。

媽祖坑風坑（二通坑）

海山煤礦媽祖坑礦場，現已成汽車墳場，對面為土城第八公墓。

海山煤礦媽祖坑舊礦區的電工間

媽祖田周清溪雜貨店，現已歇業。

海山煤礦建安坑的原住民工寮，改設原住民生態公園。

三鶯橋下的南靖部落一隅，許多原住民礦工居住於此。

拆除三鶯部落之後興建的三峽隆恩埔社會住宅

政府、自救會、民間合作建造的三峽原住民族文化生活園區

猴硐瑞三煤礦主坑口

一群老礦工為保存瑞三煤礦記憶，
白力經營猴硐礦工文史館。

石底大礦場主坑

石底煤礦洗煤場

石底煤礦慰靈碑

張曾桂，當時五十歲，攝於龍泉路，
背後為媽祖坑礦場。

二○一二年，阿嬤接受模範母親表揚。

鄧進發請畫師為阿嬤畫的祖先像

二〇二四年，海山煤礦三通坑口。

二〇二四年，海山煤礦 一通坑（建安舊坑）。

二〇二二年四月，海山本鑛建安主坑坑口。

（本書圖片未標示出處者，皆為作者提供。）

後記

無意間看見媒體Matters「在場．非虛構寫作計畫」的徵文，最初只想記錄阿嬤在海山礦場的勞動經驗，沒想到寫著寫著自己也入坑了。在家人強力支持下，比預期走得更遠更長，驚覺自己探進深不可測的黑洞，挖出封閉坑下隱藏的壓抑、脆弱以及不自覺的創傷記憶。從過去自己及家人逃避面對的底層階級背景，到父權主義對於女性的勞動剝削與情感禁錮，當潛入心理層愈深，愈瞭解親密家人之間充滿愛怨、矛盾情結的根源。隨後，從礦工家庭擴展到一座礦場，乃至於整個社會的礦業經濟，從對於礦業資本家的批判，到對於國家菁英治理的非難，看到煤礦如何點亮臺灣經濟的光源，也發現礦災火滅之後的黑暗。一路寫下來，我意識到寫的已不只是阿嬤一人、我們一家、海山一礦的事蹟，而是跨越日治到戰後，人工採集到機械開發的臺灣煤業起落，數千、數萬礦工在進暗出明的坑道之間、迎生送死的悲喜人生。

如何進行口述歷史？或許可以給出制式的標準回答。首先，建立生命年表，記錄個人生命中的重大事件，如出生、工作、遷移、結婚、生子以及家人的變故，如何影響個人與家人；其次，利用戶籍資料建立家族系譜，記錄家庭內的親人關係與互動模式，如何左右個人生涯變動與選擇；第三，將個人生命年表與社會結構變遷的大事記對照，說明個人在巨大歷史變動中的遭遇與處境，瞭解社會結構變遷如何牽動個人生命，以及個人如何面對與克服難關。最後一點來自美國社會學家米爾斯（C. Wright Mills）的啟發，所謂的「社會學的想像」是一種將個人、個別的問題連結到整個社會結構變遷的思考力，阿嬤的生存困境不僅是她認知中的「歹命」（pháinn-miā，命苦）、純粹的個人生命際遇不佳，而是跨時代礦場中女性受到殖民資本主義剝削與父權社會雙重壓迫下的共同經歷。

研究技法可以簡化成一些步驟說明，但在實際寫作過程中，才發現在家中做口述不比遠出進行田野調查容易。研究的困難在於我對於臺灣礦業的陌生，缺乏煤礦背景知識及專業名詞的理解，再加上臺語能力不夠好，溝通理解皆沒有想像中容易。但隨著文獻的閱讀、訪談推進，一開始阿嬤的話只能聽懂五、六成，現在差不多可以聽懂八、九成。之後，走訪礦業博物館，穿山越嶺探索廢棄礦場，礦業知識積累愈多，愈能掌握臺灣礦業變遷的面貌。

記憶像一條時間長河，慢慢地變形、改道，甚至蟄伏進入地底深處，有時問不出來的事，之後在無意間冒出來。不識字的阿嬤記憶力異常得好，好到讓我懷疑文字是否弱化了人的記憶能力。但高齡逾九十歲的她在訪談過程中，又不免忘東忘西，有些陳年往事在扭曲、轉置、重組之後，已分不清真假，像礦場工作的薪資多少錢？阿嬤只記得一天十元，不知是哪個年代的十元。如何釐清事實是研究者需要面對的問題，質性研究中由研究者、受訪者以及文獻相互佐證的三角檢證法——藉由不同理論、不同的方法與資料來源以及不同受訪者說法，確認資料來源的真偽與信度，同樣適用於家族史的紀錄。幸好有爸、媽以及舅舅、舅媽、阿姨的協助，將阿嬤記憶不足、錯亂之處補齊，透過多位家人述說的交叉比對之後，排除錯誤，再配合歷史背景的詮釋，還原阿嬤生命事件的脈絡。

即便如此，阿嬤未說出來的話遠比願意說出來的多，比如照護婆婆的辛苦，阿嬤善良的沉默或許是父權社會壓抑下的服從；又如礦場性騷擾的經驗是透過母親的間接轉述，不是她本人直接吐露，不論Me Too運動如何蔚為風潮，也不易改變受害者的意識，以及父權社會中根深蒂固的性別權力關係。關於阿嬤一生的兩段感情，儘管我沒有問，她總會主動說：「就是飼袂起家，才會揣人飼！」（就是養不起家，才會找人養！）我知道她耿耿於懷，小時候我曾用父權社會的觀點來看待阿嬤的愛情，覺得她和人同居是「不貞」。在寫作過程中，慢慢貼近阿嬤的真實情感，才意識到原來自己也曾是父權思想的共謀者，為幼時的無知感到汗顏。

在開始寫阿嬤的故事時，常常拉著母親問東問西，媽媽一直很擔心自己會得到老年癡呆症，她的親生母親已因失智症而過世，二舅走失，大阿姨也為失智所苦。老年癡呆，一個令人聞之色變的病症，一開始是落東忘西，再來忘了自己做過什麼事，忘了自己的家，認不得自己的親人，記憶逐漸被偷走，不記得如何吃飯、穿衣、洗澡，忘了如何起身，最後身心退化至死。與老人聊天互動據說是延緩失智的一種方法，我發現高齡者的記憶特性是愈久遠的記憶愈清晰，而當下的事反而容易忘記。但是童年時的創傷也可能造成另類失憶，媽媽有時會主動打電話給我釐清之前的說法，似乎在述說的過程中，逐漸找回自己斷裂的時空記憶。

平日沉默是金的爸爸偶爾也會在我和媽聊天時插上一兩句話，補充媽媽遺漏的細節。有一天，爸爸突然說：「妳阿公、阿嬤嘛捌佇三峽粗坑炭礦做過！」（妳阿公、阿嬤也曾在三峽粗坑礦場工作過！）祖父生前染有許多惡習，酒色財氣樣樣都來，祖母一個人要撫養七個小孩，身為長子的爸爸在小學畢業後就去外地工作養家，大概是出於憎恨吧！老爸從未在我們面前提過祖父的事，家中沒有掛祖父遺照，彷彿他不曾存在過。祖父過世之後，祖母轉到海一煤礦做雜工，手巧的她做粽子、紅龜粿等小吃去坑口販賣，養活一家八口。老爸守了這個祕密五十多年，礦工這個職業不但不足為外人道，對自己的子女都隱藏，我想這也是爸爸不願回憶礦村經驗的一大原因。

不僅阿嬤語帶保留，爸爸對於祖父生平避而不談，我對於家庭衝突也面臨揭露與否的兩難。貧賤夫妻百事哀，弱勢家庭中常見的暴力、照顧不足等問題，同樣烙印在家人的身上與心裡，向阿嬤學習緘默，最後版本保留了某些祕密，讓家人之間相互依存又彼此折磨的痛苦隨風飄逝。留白也是為讀者留些想像空間，像出坑之後的礦工，褪去一身塵灰之後，可以看到天空陰霾縫隙灑下的一抹陽光。

寫作過程中，最難面對的不是那些詰屈難懂的礦業名詞，或者聱牙的臺語翻譯，而是要用什麼視角記錄與理解那些我未曾經歷的礦工生活。長期以來的社會學訓練教我客觀中立，冷眼旁觀地分析社會事實，但是當面對家人苦難、礦災創傷，人非草木，難以置身世外，在客觀事實與主觀情感之間，小心翼翼地取得平衡。

作為受過知識啟蒙的學院工作者，我小心避開現代化框架，重新檢視不同世代性別價值觀的差異。認命的阿嬤、媽媽以及大舅媽默許的家庭暴力，她們從未指控來自軍權主義國家、資本主義礦主、父權家庭的壓迫，卻能在祝融肆虐的戰火中築出一道防火牆，將我們平安引渡到彼岸。從女性主義者眼中看來，她們或許是一群未被啟蒙的父權順民，但在家人眼中卻是自我犧牲奉獻的母親，如何堅忍地用盡卑微氣力為家人的生存搏鬥。在軍國主義潰敗、資本家退場、父權壓迫消解，在離開礦村、卸除家庭責任之後，年輕時的苦痛與重負，終於轉向輕盈甜美。

針對本書兩位重要的負面人物——查某祖及大舅，想再提供一些背景補充說明。描寫查某祖的資料來源主要是媽、二舅及二舅媽的口述，阿嬤未曾抱怨過照護查某祖的負擔與痛苦，也未對這個影響她半輩子幸福的人口出惡言。查某祖的凶惡或許可視為「多年媳婦熬成婆」的父權象徵，但背後反映了一位喪偶纏足女人的生命困境，當阿嬤「妻代夫職」成為賺錢養家者時，纏足的查某祖也「祖代母職」地分擔照顧家庭的責任。大舅放浪的一面，來自媽與舅媽等家人的負面觀感，沒有看到的另一面是，一個聰明自負的單親孩童如何在父權支配的礦場環境成長，又如何面對職災與中年轉業危機。十七歲開始為家人進入礦坑工作，六十三歲早逝，他沉淪的人生是底層礦工因應日常出生入死的恐懼陰影之寫照，也反映收坑之後礦工面對中年失業、職災病痛宿命的困境與無奈。

距三大礦災發生已近四十年，但對受災者及其家屬而言，災後復原是一段貧病交迫、痛苦掙扎的歷程，也是一段不堪回首的臺灣礦業史。煤價壓制政策下造成礦業發展的扭曲，礦場公安廢弛製造了礦災意外，大型災變之後的政治諉責，缺乏監理的巨額善款，這些問題已隨礦業收坑而埋入黑暗之中。從海山工寮到三鶯部落，從普安堂到苗栗大埔，即便臺灣在民主化之後數度政黨輪替，威權主義的幽靈仍藉資本主義發展之名還魂。轉型正義不僅是對於受害政治菁英的補償與名聲恢復，移除形式上可見偉人銅像的政治展演，或假正義之名打擊政治異己、分食新建紀念建築的工程利益；正義關乎如何歸還殖民主義對於底層平民土地財產的掠奪，追究軍權政治下的礦災政治責任與民眾捐款流向，停止地產利益下政商共謀的迫遷行為。

在一個集體失憶的社會，終於有人開始重拾記憶。二〇一四年六月二十日是海山礦災四十週年紀念日，永寧里周清芳、祖田里呂惠美兩位里長，以及許多礦業工作者及文史團體將共同發起海山四十紀念活動，試圖讓離散礦工與臺灣民眾找回他們共同的記憶。

寫作過程中經常在理性的社會學以及感性的文學之間擺盪，社會學給我穿透個人困境的結構視角，瞭解個人的困境是社會結構使然，文學則讓我描繪生命情感，對於個人生命苦難與喜悅感同身受。我一直試圖在兩者之間尋求平衡點，希望這種「不社不文」的非虛構寫作方式，對於期待社會學分析與文學感動的讀者不至於造成雙重失望。

全書付梓之後，總算鬆了一口氣。阿嬤不識字，我特別挑了她一張照片當作封面，展現她坑外美麗的一面，希望她看到書會喜歡。這本書名為《末代女礦工》，在某個臺灣角落一定還有下過坑的女性，也有不少在坑外工作過的女工，她們雖然沒有入坑，許多人也經歷過和阿嬤一樣痛徹心扉的礦災，同樣含辛茹苦地撫養子女成長，同樣地期望自己的子女可以永離礦場生活。僅以此書向阿嬤、媽媽、舅媽致敬，感恩她們窮盡一生對家人的付出，也感謝她們以及所有曾在礦場工作的女性為臺灣社會無私的貢獻。

附錄　張曾桂生命歷史年表與礦業大事記

年分	生命紀事	本書相關礦業事件
一八九五年（明治二十八年）		・大安寮事件，引發日軍以黑旗令進媽祖田庄大屠殺。
一八九六年（明治二十九年）		・臺灣總督府頒布「臺灣礦業規則」，廢除專屬採礦權限制。
一八九九年（明治三十二年）		・臺灣總督府出版《北部炭層調查結果》，吸引日本實業來臺開採。
一九〇〇年（明治三十三年）		・山本義信抵達臺灣
一九〇七年（明治四十年）		・四腳亭建第一座架空索道，降煤直抵田寮港，成為臺灣第一大規模開採的煤礦。
一九〇九年（明治四十二年）	・鄧進發出生	
一九一一年（明治四十四年）		・日本實施《工場法》，禁止女性入坑工作，但未嚴格執行。
一九一二年（大正元年）		・山本義信與弟弟山本精一共同提出開礦申請，獲石碇堡暖暖地區一一二六礦區許可。
一九一三年（大正二年）		・山本義信從黃火淋接手大安寮庄、媽祖田庄地內一〇九九號礦區。

年分	生命紀事	本書相關礦業事件
一九一四年（大正三年）		• 日本實業賀田組投資四腳亭到八堵之間的雙線臺車軌道，總長四公里。 • 洪丕文併購德記合名會社的清水坑炭山，後被併入臺灣焦炭株式會社，成為土城最大礦區。
一九一六年（大正五年）		• 因應第一次世界大戰，臺灣煤業產能激增，一九一二至一九一八年增加六五六個礦區，面積一億四八四〇萬八一九九坪。
一九一七年（大正六年）		• 顏雲年加入成福輕便軌道公司的投資，海山地區煤礦開採漸盛，漸由土法改成機械開採。 • 山本義信成立「山本鑛業合資會社」
一九一八年（大正七年）		• 「山本鑛業合資會社」更名為「山本炭鑛」，為全臺第四家煤礦公司。
一九二一年（大正十年）		• 山本義信獨資承攬所有合資礦坑，並整併成大安寮炭礦，成為日治時期具影響力的煤炭實業家。
一九二二年（大正十一年）	• 張祿出生	• 海山輕鐵，橫溪到媽祖田間軌道開始營運。
一九二四年（大正十三年）		• 日本政府正式禁止內地女性入坑工作。 • 山本炭鑛引入長壁法水平開採，由媽祖田五坑和大安寮二坑進入，改為大安寮主坑搬出，以專用手押臺車運至板橋車站。

年分	生命紀事	本書相關礦業事件
一九二五年（大正十四年）		• 顏國年「雲泉商會」與周再思合資，成立「海山炭礦株式會社」。
一九二七年（昭和二年）	• 曾桂出生於土城內門尖，父親離家，母親作茶工維生。	• 山元礦場到中央儲炭場二哩間敷設鐵道，以小型機關車搬運。
一九二八年（昭和三年）		• 世界經濟大蕭條，煤價慘跌，臺煤輸中國大陸亦受九一八事變影響而停止，礦坑休廢、大裁員。
一九三二年（昭和七年）		• 三月，架設三峽到山元間五．五哩高壓送電線，動力全部電氣化。 • 開鑿海山大斜坑
一九三三年（昭和八年）		• 臺灣興起工業化運動，工廠日增，船舶來往愈多，煤炭消費量益增，煤礦業逐漸復興。 • 「海山炭礦株式會社」由「雲泉商會」接辦。
一九三四年（昭和九年）		• 「海山炭礦株式會社」解散，一切業權讓售予「臺陽礦業株式會社」，設立「海山炭礦所」。
一九三五年（昭和十年）		• 臺灣民間礦主組織「臺灣炭業組合」，採外銷分攤制度。
一九四〇年（昭和十五年）		• 五月二十七日，瑞芳事件，日本下令逮捕瑞芳仕紳李建興等人，造成嚴重的流血事件。
一九四一年（昭和十六年）	• 曾桂幫忙採茶、推流籠車。	

年分	生命紀事	本書相關礦業事件
一九四二年（昭和十七年）	•曾桂進山尖坑工作，在伏地索道推車下土炭。	
一九四四年（昭和十九年）	•曾桂與張祿結婚，改姓為張桂。 •山本炭鑛工人被日本徵召去屏東林邊挖防空洞，逢美軍轟炸。	•臺灣石炭株式會社改為「臺灣石炭統制株式會社」，全面管制煤業生產。 •戰事造成海運不暢，盟軍轟炸，礦場損壞，陷入停頓。
一九四五年（民國三十四年）	•張桂的小叔有仔被徵兵，隨即因戰事結束而回來。	•日本投降，第二次世界大戰結束，國民政府來臺。 •顏欽賢被推舉為「臺灣炭業組合」組合長，改名為「臺灣省煤礦公會」。 •十一月，國民政府成立煤業監事委員會，接收臺灣石炭統制株式會社，改為臺灣省石炭調整委員會，辦理統購、統運、統銷。
一九四六年（民國三十五年）		•山本炭鑛收歸國有，生產亦停擺。 •三月十八日，臺灣省行政長官公署成立「煤業接管委員會」。 •四月二十六日，臺灣省行政長官公署訂定《臺灣省礦權整理辦法》。
一九四七年（民國三十六年）	•張桂到臺南舅舅的製餅工廠工作，目睹二二八事件。	•三月，二二八事件後，國民黨軍隊進府城。 •五月，臺灣省行政長官公署將油、電、糖、水等公用事業之外的產業合組編成「臺灣工礦股份有限公司」，處理日人留下的資產。

年分	生命紀事	本書相關礦業事件
一九四八年（民國三十七年）	• 張祿回土城工作 • 第一個兒子出生後不久夭折，領養張旼。	• 「臺灣省煤礦公會」改名為「臺灣區煤礦同業公會」，成立外銷部，負責京、滬、閩、穗、香港的煤炭外銷。 • 「臺灣省礦業研究會」成立，負責政策、改善技術。
一九四九年（民國三十八年）		• 「臺灣省石炭調節委員會」公布拒收四級以下劣煤，後又拒貸及收購煤礦，造成臺煤一二八家礦倒閉。 • 山本炭鑛併入三德煤礦，更名為海三煤礦，職員工約三百人，工人人數不足，產能下滑。
一九五〇年（民國三十九年）		• 因外銷減少，臺煤改煉製熟煤為主，供家庭燃料使用。 • 隨臺灣軍事工業及工廠增加，出現煤荒，政府提供增產獎金鼓勵增產。 • 「臺灣省石炭調節委員會」成立事業部，輔導軍中建立燃煤爐灶，在鶯歌、五堵設熟煤製造廠。
一九五一年（民國四十年）	• 大兒子張松壽出生	
一九五二年（民國四十一年）	• 張祿進三德礦坑工作，張桂隨之到兔子坑礦場，在工寮流產。	• 政府頒布《公營事業移轉民營條例》與《臺灣省煤礦增產管理辦法》

年分	生命紀事	本書相關礦業事件
一九五四年（民國四十三年）	• 大媳婦蘇麗華出生於南投魚池鄉農家	• 「臺灣省煤礦礦工福利委員會」成立 • 政府公布《解除燃料煤管制辦法》
一九五五年（民國四十四年）	• 女兒張麗燕出生	• 實施《耕者有其田》，開放民間承購日本企業礦場。 • 工礦公司民營化後出售給李建興家族，由李建和、李建成、李建川三兄弟共同籌組創設「瑞山煤礦股份有限公司」營運。
一九五六年（民國四十五年）		• 政府公布《焦煤供應及徵購辦法》，臺灣煤價出現徵購、官商洽購及自由競爭三種不同的煤價機制。 • 六月三日，為解決海山深部開採通風問題，土城媽祖田開鑿媽祖坑。 • 祖田村村長黃木找石匠陳萬發兄弟將龍泉路巨石打通，貫通石門內（內媽祖田）與外媽祖田。
一九五八年（民國四十七年）	• 六月二十五日，張祿因海三煤礦瓦斯爆炸災變過世。 • 張桂一家搬至炭埕臨時工寮 • 八月，二兒子張松瀛出生。 • 年底，張桂因氣喘病發作險死。	• 五月，媽祖坑貫通第一斜坑。 • 原選煤場不敷使用，興建機械化的水流煤場，礦場與板橋的七公里運輸改用十部卡車。 • 九月，葛瑞絲颱風襲臺。

年分	生命紀事	本書相關礦業事件
一九五九年（民國四十八年）	• 張吺小學畢業，進事務所工作。	• 建安礦業所辦公大樓完成
一九六〇年（民國四十九年）	• 張桂一家搬至新建工寮居住 • 張桂與鄧進發同居	• 海山煤礦作為推動鉤蟲病防治示範礦區
一九六一年（民國五十年）	• 三兒子張松賢出生	
一九六三年（民國五十二年）	• 四兒子張松金出生	• 建安坑有職員一百人、礦工及工友一千四百餘人。
一九六四年（民國五十三年）		• 政府明令禁止女性入坑工作 • 經濟部礦業研究服務組於土壓穩定的坑道內，開始推廣預立混凝土支柱，海山為其中之一。 • 七月，推行礦區基職層民生建設，從生產、教育、衛生保健、社會福利等，改善礦工生活。
一九六五年（民國五十四年）		• 開鑿建成礦業所建福坑，促進坑內通風與降溫。
一九六六年（民國五十五年）		• 賴克富擔任海山公司採礦課長，坑長、副所長，管理一千二百位員工。

年分	生命紀事	本書相關礦業事件
一九六七年（民國五十六年）	•張呅嫁給戴炎清 •張麗燕小學畢業，進工廠工作。 •張松壽臺灣省立板中畢業	•新莊慈祐宮請「光興開發公司」來開發媽祖田，派一批退伍軍人砍伐竹子，宣示土地所有權。
一九六八年（民國五十七年）	•張松壽進坑工作 •張松賢白血病過世 •張桂婆婆蕭允中風	•臺煤供應臺灣能源總需求量五〇至六〇% •建安坑採煤面距坑口三千三百公尺，深達五四〇公尺。 •海山煤礦改用電動鏈條式運煤機，為首批引入臺灣的礦場。 •海山宿舍完工
一九六九年（民國五十八年）	•鄧進發請畫師繪製張桂和自己的祖先像	•中油採低價政策，煤產量大幅下降，土城礦坑陸續停工。 •建安坑主坑道又延長八五〇公尺，改採斜坑開挖，建安坑的第三斜坑試用磨擦鐵柱與鋼梁，礦工必須使用鑿岩機採煤，半蹲半爬進入煤層。 •海山公司延攬花東阿美族勞工，新建原住民宿舍。
一九七〇年（民國五十九年）	•小女而張麗鳳出生，過繼給天車工陳明德當媳婦仔，改姓陳。 •張松瀛到臺北學修機車	•礦務局成立，設礦場保安組。
一九七一年（民國六十年）	•張松壽當兵，擔任陸軍通信。 •蕭允再次中風、臥床。	

年分	生命紀事	本書相關礦業事件
一九七二年（民國六十一年）	• 張松壽進金門防衛司令部無線電作業士官班	
一九七三年（民國六十二年）	• 張桂一家搬到職員宿舍 • 張松壽當兵退伍，做卡車貨運。 • 蕭允中風過世	• 石油危機造成煤荒
一九七四年（民國六十三年）		• 六月一日，蔣經國巡視海山煤礦。
一九七五年（民國六十四年）	• 張麗燕出嫁 • 鄧進發過世 • 張松瀛入伍當兵	• 中東戰爭引發能源危機，臺灣省礦務局進口外煤五十萬噸，連續三年煤價未漲，臺煤發展陷入困境。
一九七六年（民國六十五年）	• 張松壽與蘇麗華結婚 • 張桂長孫張奇欽出生 • 張松壽回媽祖坑工作	
一九七七年（民國六十六年）	• 孫女張靜宜出生，張桂將燒水工作轉給大媳婦蘇麗華，自己去工地當小工。	

年分	生命紀事	本書相關礦業事件
一九七八年（民國六十七年）	• 張松壽獲海山建安礦業所媽祖坑優良員工	
一九八〇年（民國六十九年）	• 張桂付頭期款買預售屋 • 張松壽擔任臺北師管區臺北縣團管區後備幹部	
一九八一年（民國七十）	• 張桂調去海山建安坑澡堂工作 • 張松瀛結婚	
一九八二年（民國七十一年）	• 張桂第三個孫子張書銘出生 • 媽祖坑災變、停工。 • 張松壽轉做辦桌	
一九八四年（民國七十三年）	• 張桂五十六歲提早退出勞保 • 張松壽轉到海一工作，接受煤礦場爆破作業人員安全訓練。	• 六月二十日，土城海山煤礦礦災，七十四名礦工死亡，輕重傷三人。 • 七月十日，瑞芳煤山煤礦礦災，一〇三人死亡，二十二人受傷。 • 十二月五日，三峽海山一坑礦災，九十三人死亡，周宗魯奇蹟生還。 • 政府訂定臺灣煤業政策，嚴格執行礦場安全規定，關閉不良煤廠。

年分	生命紀事	本書相關礦業事件
一九八五年（民國七十四年）	• 張桂停止做小工，回海山工作。	• 《煤業安定基金條例》實施 • 建安坑暫時停工
一九八七年（民國七十六年）	• 張桂、張松壽、張松瀛入住富貴城社區。 • 張松壽取得臺灣省煤場安全管理人員資格證書。 • 張松壽擔任祖田社區發展協會第二屆理事	• 七月十五日，解除戒嚴。 • 北二高動工，徵收媽祖田土地。
一九八八年（民國七十七年）		• 因北二高興建，慈安宮遭拆除。
一九八九年（民國七十八年）	• 海山收坑之後，張桂和其他六位海山職工被留任，繼續在事務所打掃、燒水、煮飯。	• 政府發布「輔導煤礦礦工轉業及補助礦工資遣實施要點」 • 二月，建安、媽祖田、三通坑與建福坑口封閉，海山煤礦正式停採。
一九九〇年（民國七十九年）		• 北二高徵收媽祖田的土地
一九九一年（民國八十年）		
一九九二年（民國八十一年）		• 新莊慈祐宮與農民土地權糾紛，要求拆屋還地，鄭金波被告。

年分	生命紀事	本書相關礦業事件
一九九三年（民國八十二年）		• 九月，海山改業為建設及土地開發公司，命名為「寶山建設股份有限公司」。 • 北二高通車。 • 臺北縣政府對三鶯部落展開拆除行動
一九九四年（民國八十三年）		• 礦工參加秋鬥遊行
一九九五年（民國八十四年）	• 海山公司正式結束營業，張桂獲得十萬元資遣費。	• 政府輔導礦工一萬四四三二人次，礦方資遣礦工合計十一萬一一八三人。 • 「塵肺症患者權益促進會」成立
一九九六年（民國八十五年）		• 臺北縣長尤清承諾規劃三峽龍恩埔段土地，作為原住民社會住宅用地。
一九九七年（民國八十六年）		• 臺北縣政府提供三鶯部落臨時電力，並提出安置計畫。
一九九八年（民國八十七年）		• 勞委會同意追溯礦工申請塵肺症職業病給付
一九九九年（民國八十八年）		• 十二月二十五日，李登輝訪視海山工寮。
二〇〇〇年（民國八十九年）		• 臺煤最後一座三峽利豐煤礦停產
二〇〇二年（民國九十一年）		• 臺灣加入WTO

年分	生命紀事	本書相關礦業事件
二○○四年（民國九十三年）	• 張松壽於車床工作中受傷，從此不再工作。	
二○○五年（民國九十四年）	• 張桂七十八歲學游泳	
二○○六年（民國九十五年）		• 祖田里長黃豐明召集媽祖田墾民後裔集會，商討如何保護土地、房產。 • 原住民生態公園完工
二○○七年（民國九十六年）		• 遠雄公司取得海山土地權屬，開始拆除海山礦區建物。 • 新莊慈祐宮拆土城中央路四段民房，引發祖田居民抗爭。 • 三峽原住民文化部落完工
二○○八年（民國九十七年）		• 八月，新莊慈祐宮拆除老村長家。 • 三鶯部落再度遭拆除
二○○九年（民國九十八年）	• 張桂搭公車意外，腦傷。	• 祖田社區發展協會成立 • 南靖部落小規模拆除
二○一○年（民國九十九年）		• 臺北縣改制為新北市
二○一二年（民國一○一年）	• 張桂當選土城區模範母親 • 張松壽任祖田社區發展協會常務監事	• 新莊慈祐宮拆除普安堂，引發居民護廟衝突。

年分	生命紀事	本書相關礦業事件
二〇一四年 （民國一〇三年）	• 張松壽去世，享壽六十三歲。 • 張桂改名為張曾桂	• 環保局以「臨時提案」方式「有條件通過」遠雄在海山礦區的科技造鎮開發計畫。 • 遠雄集團創辦人趙藤雄被羈押禁見
二〇一五年 （民國一〇四年）	• 張曾桂因腸沾黏住院	
二〇一六年 （民國一〇五年）		• 土城媽祖田第一屆文化季 • 三峽原住民族生活文化園區完工
二〇一七年 （民國一〇六年）		• 原住民生態園區獲前瞻計畫補助，進行公園改造。
二〇二一年 （民國一一〇年）	• 蘇麗華當選土城區模範母親	• 五月一日勞動節大遊行前，老礦工在立法院前召開記者會，希望礦工能用特別條例予以照顧。
二〇二二年 （民國一一一年）	• 張曾桂感染新冠肺炎	

參考資料：

臺灣鑛業史編纂委員會，《臺灣鑛業史》上冊（中華民國礦業協進會，一九六六）。
臺灣鑛業史編纂委員會，《臺灣鑛業史》下冊（中華民國礦業協進會，一九六九）。

Voice
春山之聲
O57

末代女礦工：
海山煤礦，與一位社會學者對礦工阿嬤的生命考掘

作　　者　戴伯芬
圖片提供與授權　山本家族（Yamamoto Family）、日本田川市石炭・歷史博物館、中國國民黨中央委員會文化傳播委員會黨史館、朱建炫、國史館臺灣文獻館、鄭寶鳳、羅隆盛、蔡明德、戴伯芬
總 編 輯　莊瑞琳
責任編輯　莊舒晴
行銷企畫　甘彩蓉
業　　務　尹子麟
封面設計　林宜賢
內文排版、繪圖與設計　丸同連合 UN-TONED Media Production
法律顧問　鵬耀法律事務所戴智權律師

出版　春山出版有限公司
地址　116臺北市文山區羅斯福路六段297號10樓
電話　(02)2931-8171
傳真　(02)8663-8233

總經銷　時報文化出版企業股份有限公司
電話　(02)23066842
地址　桃園市龜山區萬壽路二段351號
製版　瑞豐電腦製版印刷股份有限公司
印刷　搖籃本文化事業有限公司

初版一刷　2024年3月
定價　440元
ISBN　978-626-7236-87-1（紙本）
978-626-7236-83-3（EPUB）
978-626-7236-82-6（PDF）

春山出版
Email　SpringHillPublishing@gmail.com
Facebook　www.facebook.com/springhillpublishing/

填寫本書線上回函

國家圖書館出版品預行編目(CIP)資料

末代女礦工：海山煤礦，與一位社會學者對礦工阿嬤的生命考掘／戴伯芬著
初版－臺北市：春山出版有限公司，2024.03，336面；14.8×21公分－(春山之聲；57)
ISBN 978-626-7236-87-1（平裝）
1.CST：張曾桂　2.CST：家族史　3.CST：傳記
783.3886　112022394

All Voices from the Island

島嶼湧現的聲音